世界的金字塔

世界のピラミッド Wonderland

〔日〕河江肖剩（かわえ・ゆきのり）；〔日〕佐藤悦夫（さとう・えつお）等 编著

李金珂 译

中国出版集团
中译出版社

本书内插图均系原书原图。——编者注

前　言

　　据说，金字塔（Pyramid）的名字来自希腊语"Pyramis"，指的是一种三角形的面包。古希腊和古罗马的历史学家，如希罗多德、狄奥多罗斯和斯特拉波等人用"Pyramid"来指代埃及金字塔。而现在，这个词在世界范围内普遍用来指代圆锥体或四角锥体形状的建筑物。

　　本书邀请了不同领域的专家来介绍不同时期、不同文明所修建的金字塔，并配以丰富的图片和插画。希望读者在惊叹金字塔的壮丽与伟大的同时，也能感受到古人那永不满足的探索和挑战精神。

这些坐落在非洲、亚洲、中美洲和欧洲不同地点的金字塔，其形状、大小、位置、目的和修建方法各式各样。尽管它们大多着眼于人类的生死，但从宏观的视角来看，同样也体现了古人的社会结构和政治经济活动面貌。随着近几十年来考古研究成果的累积以及先进技术的应用，我们陆续有了更多的新发现，但金字塔的谜团也在不断增加。

"人类为什么要修建金字塔呢"——这不是一句话能够回答的，但如果通过阅读本书，读者能多少感受到一些古人在修建金字塔时倾注的智慧、汗水和愿望的话，作为笔者之一，我觉得没有比这更值得高兴的事情了。

河江肖剩

2020年12月

目 录

世界金字塔修建年表 ... 001
"四角锥状的石建筑"金字塔的世界概况 ... 002

Egypt 埃及篇

1 左塞尔金字塔

- 1-1 埃及最古老的金字塔 ... 008
- 1-2 有如迷宫般的金字塔内部 ... 012

2 斯尼夫鲁法老的金字塔

- 2-1 第一座真正的金字塔——美杜姆金字塔 ... 014
- 2-2 金字塔复合体与大墓地 ... 016
- 2-3 不断摸索的"曲折金字塔" ... 018
- 2-4 红色金字塔与牛群数量调查 ... 022
- 2-5 塞拉小金字塔 ... 026

3 胡夫金字塔

- 3-1 金字塔的选址 ... 028
- 3-2 红海港口与最古老的莎草纸文献 ... 032
- 3-3 巨石的搬运与坡道 ... 036
- 3-4 石灰岩的采掘方法 ... 038
- 3-5 金字塔复合体与船 ... 040
- 3-6 胡夫金字塔的内部结构与星辰信仰 ... 042

4 卡夫拉金字塔

- 4-1 卡夫拉法老的选择—— 回归吉萨 046
- 4-2 金字塔聚落 049
- 4-3 新港口与航海技术的发展 052
- 4-4 金字塔复合体与法老的葬仪 054
- 4-5 未完成的大作——吉萨的狮身人面像 056
- 4-6 冥界之神奥西里斯与金字塔 060

5 孟卡拉金字塔

- 5-1 三大金字塔的完成 062
- 5-2 金字塔与垃圾山 064
- 5-3 金字塔的阶梯式核心结构 066
- 5-4 沉入海底的法老之棺 068
- 5-5 成为住所的金字塔神庙 072

Teotihuacan 特奥蒂瓦坎篇

1. 城市建设：计划都市——特奥蒂瓦坎 076
2. 月亮金字塔：经过6次增改建才最终完工 080
3. 太阳金字塔与地下隧道：特奥蒂瓦坎的最大建筑物 084
4. 羽蛇神庙（克察尔科亚特尔神庙）：强大王权的出现 086
5. 集合住宅与人的生活：当时的"都市"是什么样的 088
6. 都市的发展与衰落：从出土的陶器推断特奥蒂瓦坎的生活 092

7	与特奥蒂瓦坎有过交流的遗迹1：阿尔班山遗址（墨西哥）	096
8	与特奥蒂瓦坎有过交流的遗迹2：蒂卡尔遗址（危地马拉）	098
9	与特奥蒂瓦坎有过交流的遗迹3：卡米纳尔胡尤（危地马拉）	102
10	与特奥蒂瓦坎有过交流的遗迹4：科潘（洪都拉斯）	106

Europe 欧洲篇

1	埃利尼科金字塔（希腊）：前代遗留的石建筑是军事设施还是塔楼？	114
2	塞斯提乌斯金字塔（意大利）：象征着权力者地位的"四角锥"	118

Borobudur 婆罗浮屠篇

婆罗浮屠（印度尼西亚）：引导人开悟的金字塔	124

金字塔的调查历史	138
埃及文字与麦罗埃文字	140

主要参考文献	144
图片来源	147
后　记	148

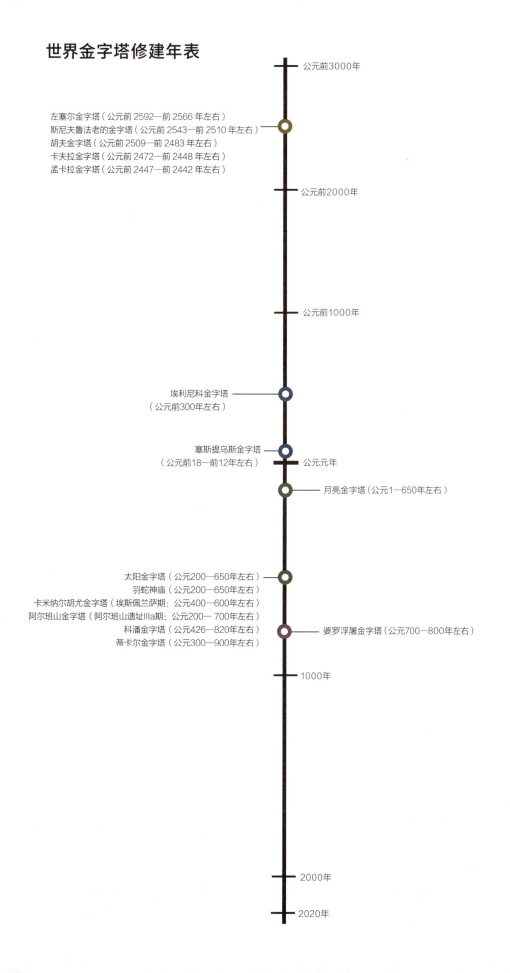

"四角锥状的石建筑"
金字塔的世界概况

"金字塔"并非埃及独有,
亚洲、欧洲、中美洲等地也有。
本书集中介绍了坐落于世界各地的四角锥体石建筑。

如果提起"金字塔",想必无论是谁,脑海里最先浮现的都是大名鼎鼎的"胡夫金字塔"。一般认为,这座巨大的石建筑是在公元前2500年左右埃及第四王朝时期修建而成的,建成时有146.59米高。

至今,埃及的萨卡拉地区仍保留着世界上最古老的金字塔,这里还是众多金字塔的聚集地,也因此闻名。埃及的这些金字塔都是作为法老陵墓修建的,但放眼世界,因别的目的而修建的四角锥体石建筑也并不罕见。

埃及

上图：斯尼夫鲁法老的金字塔，因上半部分表面的角度变化也被称为"曲折金字塔"。覆盖金字塔表面的装饰石板脱落了一部分

中图：胡夫金字塔（左）与卡夫拉金字塔（右）。随着考古发掘的开展，"金字塔聚落"的样貌正在被逐渐揭示出来

下图：胡夫金字塔的内部。金字塔内部仍有很多用途不明的地方

左图：狮身人面像与孟卡拉金字塔。狮身人面像及其周边建筑物至今仍处于未完成的状态

婆罗浮屠

因其他目的而修建的金字塔中，包括美洲中部的金字塔和希腊的埃利尼科金字塔，它们分别被认为是宗教场所和军事设施。

关于这些金字塔的线索往往少之又少，也多难以进行考古挖掘。而且，许多金字塔的调查工作不是一代人的努力就能完成的事业，需要数代人的辛勤工作、薪火相传。

在研究金字塔建造的过程中，也存在着诸如如何切割和搬运巨大石材等处于推测阶段的问题。而且在调查完成之后，还时常出现因发掘调查的结果与现有的假说背道而驰的情况，从而导致这些假说完全被颠覆。

本书将"金字塔"定义为建造在世界各地并以各种形态保存至今的四角锥体石建筑，并在此基础上介绍它们的作用、修建过程、扩建和改建的情况。

尽管这些金字塔在年代、地域、建筑材料以及周边遗迹等方面存在差异，但是它们拥有着同样的造型。这种在造型上显而易见的相似

印度尼西亚爪哇岛的婆罗浮屠。这座世界上最大的佛教遗址同样是一座四角锥体的石建筑

特奥蒂瓦坎

上图："月亮金字塔"。在墨西哥中央高原，特奥蒂瓦坎文明繁盛时期。图中可见修建于特奥蒂瓦坎城市中心的"月亮金字塔"

中图："太阳金字塔"。高63米，底边长223米，是特奥蒂瓦坎规模最大的建筑物

下图：位于洪都拉斯科潘遗址的蹴球场。科潘文明兴盛于公元5—9世纪，初代国王基尼奇·亚什·库克·莫被认为与特奥蒂瓦坎存在联系

欧洲

上图：位于意大利罗马的金字塔，是古罗马法务官塞斯提乌斯的陵墓。这座金字塔历经多次修复，至今仍保留着美丽的外观

下图：位于希腊埃利尼科的金字塔。据说是为了让古希腊的哨兵和守备部队驻留而修建的。现在已经崩塌了一部分

性意味着什么，大概无关紧要。由于我们对各座金字塔的了解程度不同，它们存在的谜团也不相同，要想为本书中所有的金字塔都提供同等的信息量是非常困难的。不过，散落在世界各地的金字塔在建造时，人们的生活、城市的景色是怎样的？为了揭开问题的真相，研究者付出了孜孜不倦的努力，他们开展考古发掘的过程是怎样的，都经历了什么呢？

Egypt

埃及篇

位于非洲大陆北部的埃及拥有100多座金字塔，其中包括世界上最古老的金字塔和吉萨三大金字塔。与其他地区相比，埃及金字塔不但规模巨大，而且其大规模考古发掘的历史也更加悠久。

著/河江肖剩

1 左塞尔金字塔

尼特杰里赫特王的雕像。他也被称作左塞尔

埃及篇 1-1

埃及最古老的金字塔

这是一座在材料和形制上焕然一新的陵墓。左塞尔王在历代法老和高官安息的神圣高原上,建造了第一座埃及金字塔。

萨卡拉位于今埃及首都开罗市中心以南约20千米处,最古老的埃及金字塔就屹立于此。萨卡拉是一处小型的石灰岩高原。古时候,尼罗河就在它的脚边流淌。自埃及早王朝晚期(约公元前2730—前2590年)以来,这里就是埋葬埃及法老和高官的圣地。公元前2592年左右,名字有"神的躯体"之意的尼特杰里赫特法老以前所未有的材料和形制,开始在这里建造自己的陵墓。

此前,埃及人普遍使用土砖建造陵墓。虽然当时也有部分陵墓会使用石头建造墓室,但是左塞尔王的陵墓从墓室到周边的所有复杂建筑,都是用当时被称作"白色石头"的石灰岩建造而成的。因此,他也被后世称作"赋予石头生命之人"。萨卡拉高原是一段形成于始新世的石灰岩地层,虽然岩石的质量不算太好,但由于其均匀分布,有约50厘米的岩层和薄薄的黏土层,开采起来很容易。尽管阶梯金字塔以南发现了露天

有着阶梯金字塔和眼镜蛇装饰的建筑群的一部分。正面的中庭是用来举行赛德节仪式的场所

巨大的祭坛与尚未发掘的阶梯金字塔北侧

最早的金字塔是：赋予石头生命之人：的坟墓

的采石场，但是由于其规模较小，所以这些用来建造金字塔的石块可能是从现在已处于倾斜状态的高原东部开采出来的。

这座陵墓最初拥有传统的方形上部结构，是一座梯形六面体形状的陵墓。之后，随着6次大规模的扩建工程，无异于此前的墓葬形式"马斯塔巴"（Mastaba，即前文提到的梯形六面体陵墓，由阿拉伯语音译）。这种扩建据说可能是一种与法老王重生有关的宗教行为，同时，也符合先建之物被后建之物掩盖着的、埃及早王朝时期建造纪念碑的习惯。为此，左塞尔金字塔还特意设计了一个将石头分层添加、向内倾斜的附加结构。

最终，这里建成了一个巨大的复合葬祭纪念建筑物群。其中，左塞尔金字塔底部为121米×109米，在它的周围排列着各种各样的建筑物，包括葬祭神庙、安放法老雕像的小房间塞尔达布（Serdab）、供法老举行赛德节仪式的中庭、数百个仓库、位于南北两侧的亭楼以及神秘的南侧坟墓。在这些建筑物周围有一堵高10.5米、长1650米的凹凸不平的波浪形高墙，将墙内建筑与现实世界隔开，仿佛创造出了一个被左塞尔法老统治着的异度世界。

阶梯金字塔的南侧。可以从第一层至第二层的凹陷处一窥当时改变了整个金字塔形态的扩建工程

阶梯金字塔的围墙

这个凹槽里嵌着蓝色的嵌板
这样的凹槽在墙壁上到处可见

左塞尔金字塔

阶梯金字塔东侧的一部分墙壁，
可以看出斜面的附加结构

围绕着金字塔的墙壁曾经装饰着美丽的蓝色嵌板

埃及篇 1-2　有如迷宫般的金字塔内部

由传统的马斯塔巴扩建而成的阶梯金字塔，有着十分复杂的内部结构。尽管屡遭盗掘，但仍保存下来一些宝贵的资料。

修复后的阶梯金字塔墓室

从墓室上方看到的样子。能看到墓室中有一个由花岗岩制成的圆柱形塞子

负责建造金字塔的是左塞尔法老的宰相伊姆霍特普（Imhotep）。他有财务官和大祭司的称号，并在后世被奉为智慧与医学之神。伊姆霍特普在阶梯金字塔的内部混合建造了廊道、墓室和竖井这样的结构，内部总长超过5.7千米，宛若迷宫。金字塔中央，建有一个边长7米、深28米的竖井，竖井底部有一个由4层花岗岩组成的如同巨大金库般的墓室。这个地下墓室的入口相当独特：只有一个设计在天花板上的圆柱形孔洞，直径约1米，被一个花岗岩制成的圆柱形塞子堵着，而这块花岗岩重达3.5吨。

研究这座金字塔超过70年的法国建筑师让·菲利普·劳尔推测墓室里面可能曾有一副镀金的棺材和一具木乃伊，但在几千年的盗墓活动中损毁丢失，什么也没有留下。在竖井当中，还发现了镀金凉鞋的残块和一片头盖骨、一个右脚的肿块和一块上腕骨的碎片，但不知道它们是否属于左塞尔法老。而在墓室内部，只发现了一个写有左塞尔法老名字的小木箱。

在这有如迷宫般的地下，有一条壁上镶嵌着蓝色彩砖的通道。蓝色象征来世与重生，这条通道也被认为象征着冥界的皇宫。通道的墙壁上有3扇假门，门上分别画着3个不同形象的法老。一个戴有象征上埃及的白色王冠；一个同样戴着白色王冠且还在奔跑；最后一个则戴着象征下埃及的红色王冠，同样也在奔跑。奔跑的法老王象征着"赛德节"期间举行的一个仪式的场景，事实上，这个仪式应该就在阶梯金字塔以南的广场上举行。

在一些通道中还发现了由埃及条纹大理岩和闪长岩制成的石器，数量多达4万件。有趣的是，这些器皿上刻着的铭文当中，出现的不是左塞尔法老的名字，而是埃及第一王朝和第二王朝的先王们的名字。此外，在另一个竖井中还发现了可能埋葬着法老的王妃和子女的场所。这些证据表明，阶梯金字塔不仅是左塞尔法老的埋骨地，或者是埋葬其王妃和子女的皇家公墓，更是保存历代法老先王资料的场所。

用埃及条纹大理岩制成的石器

左图：南侧墓里墙面上的假门。中间画着赛德节的场面"奔跑的法老"
中图：南侧墓里发现的蓝色方格砖块
右图：在地下通道里发现的石器，由闪长岩制造而成

2 斯尼夫鲁法老的金字塔

埃及篇 2-1 | 第一座真正的金字塔——美杜姆金字塔

拥有强大权势的斯尼夫鲁法老，正是这座"杰德斯尼夫鲁"的主人。这座高度超过90米的巨大建筑物，足以展示法老王的无上权威。

美杜姆金字塔。外层的装饰石板已经脱落，看起来像是分成了3层。但是，这曾是一座有着8层内部结构的巨型阶梯金字塔

巴勒莫石刻，是现存最古老的埃及纪年石刻。上面记载着从埃及前王朝至第五王朝时代的历史。现藏于意大利巴勒莫博物馆

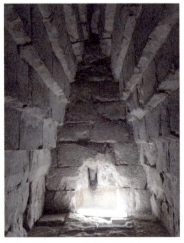

墓室采用了屋顶逐渐变窄的叠涩砌法

公元前 2543 年左右，斯尼夫鲁登上埃及法老王位时，他唯一能看到的巨型金字塔就是左塞尔王在萨卡拉地区修建的阶梯金字塔。此外，还有一些尚未完成的金字塔和小型的祭祀用金字塔。而对年轻的斯尼夫鲁法老来说，这座最古老也是最巨大的王陵，正是应当超越的目标。

于是，斯尼夫鲁法老着手在当时的王都——美杜姆修建一座巨大的 7 层（后来扩建到 8 层）阶梯式金字塔。这座金字塔沿用了旧的向内倾斜的附加结构，但不同于过去那种错综复杂的地下结构，它的内部结构十分简单：为了让法老王的灵魂与拱极星融为一体，这座金字塔只设计了一个北面的入口，以及一条从这个入口一直延伸到法老墓室里的通道。但是，由于墓室的位置是在地面上确定的，为了保护墓室里的空间，还设计了一个采用了叠涩砌法建造而成的屋顶。在近年的调查中，还在墓室的北部发现了一个很有意思的空间。那里有另外两个同样采用了叠涩砌法的小房间，以及另一条从这里向北延伸的通道。这些设计的目的和用途尚不明确。斯尼夫鲁只用了 14 年就建好了这座阶梯金字塔，还在美杜姆西部的高原上修建了一座用以祭祀的小型阶梯金字塔。

当时的斯尼夫鲁法老有着惊人的权势。根据巴勒莫石刻的记载，他从南边的努比亚带走了 7000 名战俘和 20 万头牲畜的战利品，还用北边黎巴嫩的雪松木造了 40 艘船，并且在埃及国内的三角洲区域拥有一个含 122 块牧场的领地。

在斯尼夫鲁法老统治埃及的第 15 年，北部的黎凡特变得日益重要，他决定迁都至靠近贸易节点的代赫舒尔，并在此着手修建新的金字塔。然而，由于这座新的金字塔存在一些结构问题，在斯尼夫鲁法老统治埃及的第 28 年，他回到了美杜姆，开始尝试把原来的阶梯式金字塔改造成真正的金字塔。最终，他造出了一座高 92 米、底边长 144 米、坡度为 51 度 35 分 50 秒的巨型金字塔，这使得它超过了左塞尔法老的阶梯金字塔。这座金字塔被命名为"杰德斯尼夫鲁"，意为"斯尼夫鲁不朽"。然而遗憾的是，大概是在新王国时期之后，外层的装饰石板和填充物逐渐脱落，变成了现在露出内部三层塔式结构的样子。

之后，斯尼夫鲁在代赫舒尔开始修建新的金字塔。他命人建造的这 4 座金字塔所消耗的石材总量，超过了古埃及最大的金字塔——胡夫金字塔。不过，如果考虑到当时的背景，会发现他并不是从最开始就有修建 4 座金字塔的计划，而是在试错的过程中建成了 4 座金字塔而已。重要的是，这种无止境的试错精神在后来吉萨金字塔的修建过程中也能见到，也正是这种试错精神，催生出了古王国时期第四王朝这样一个金字塔的辉煌时代。

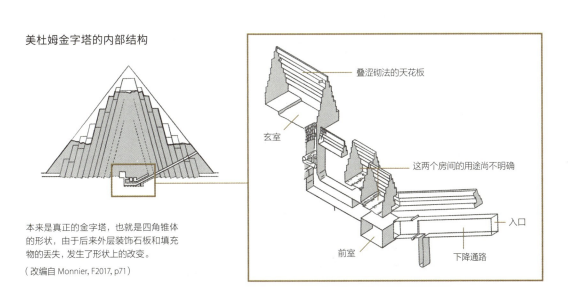

美杜姆金字塔的内部结构

本来是真正的金字塔，也就是四角锥体的形状，由于后来外层装饰石板和填充物的丢失，发生了形状上的改变。

（改编自 Monnier, F2017, p71）

金字塔复合体与大墓地

埃及篇 V 2-2

在被称作"斯尼夫鲁不朽"的王都美杜姆,有着以斯尼夫鲁法老的葬祭神庙为中心的建筑群。在这里,考古学家发现了古王国时期重要人物的精美坐像。

这条神道的痕迹从葬祭神庙向东延伸了200米左右

石碑上没有记载任何内容。通常认为是因为这座金字塔是空墓

在美杜姆发现的保存状态良好的坐像。
拉霍泰普（左）与诺弗里特（右）

  金字塔及其周围修建的与葬祭相关的建筑物群被统称为"金字塔复合体"。这些金字塔复合体大致可以按照群体建筑的排列方式分为两类：一类是左塞尔法老创造的按照南北方向轴线排列建筑的金字塔复合体，另一类则是按照东西方向轴线排列建筑的金字塔复合体。前者与星辰崇拜有关，葬祭神庙修建在金字塔以北；后者则与太阳崇拜有关，葬祭神庙修建在金字塔以东。这类金字塔复合体中，最早的例子正是美杜姆金字塔。

  美杜姆金字塔的葬祭神庙的屋顶尚在，保存状态良好。它的结构非常简单，只有一个入口、一个狭长的小房间，以及深处的另一个没有屋顶的房间。在这个房间里有两块奇怪的圆顶石碑，上面没有记载任何内容。这座神庙的规模比起葬祭神庙，更像一座礼拜堂，这大概是因为美杜姆金字塔只是一座空墓，斯尼夫鲁法老并未埋葬于此。在从这座葬祭神庙往东约200米处的基岩上，发现了一条挖出来的神道。然而，在道路的另一边并没有发现后来成为标配的河岸神庙，只有一堵向东西方向延伸的土坯砖墙。这也许是因为法老并未埋葬在美杜姆，所以用以搬运法老木乃伊的河港，乃至于制作木乃伊有关的河岸神庙，在这里都是不需要的。

  美杜姆金字塔的名字"杰德斯尼夫鲁"同样也被用来称呼王都美杜姆，王室成员和高官政要们的墓葬都建造在这里。在其中一处，人们发现了拉霍泰普（Rahotep）与诺弗里特（Nofret）的雕塑。这两座雕塑被誉为埃及古王国时代最伟大的杰作。它们被安置在金字塔以北的皇家陵墓中各自的墓葬里。

  拉霍泰普是赫里奥波里斯的大司祭、军队的统帅，以及斯尼夫鲁法老的王子。他有着健壮的身体，略微有些晒伤，并且留着一撮小胡子。名字有"美丽的女性"之意的诺弗里特是他的妻子，她皮肤洁白，穿着一身有些透明的亚麻布衣服，头上还戴着假发。这对夫妻的坐像现存于开罗博物馆，保存状态良好，难以想象它们有着4500年以上的历史。看着这组作品，能让人想象出当时修建金字塔的人们的身姿。

在宰相奈夫鲁马特（Nefermaat）的妻子阿提特（Itet）的墓里发现的壁画，保存状态良好，上面画着的鸟类是雁（埃及雁）

不断摸索的"曲折金字塔"

埃及篇 v 2-3

　　最先采用"四角锥体"形状建造金字塔的，正是斯尼夫鲁法老。在这个过程中有着诸多困难，变形的金字塔可谓是试错的体现。

> 从中部开始逐渐平缓的斜坡,这种不拘一格的形状正是古人智慧的结晶和体现

斯尼夫鲁法老的曲折金字塔。保存状态相对良好,外层的装饰石板也保留了下来

礼拜堂(小型的葬祭神庙)。葬祭仪式是否在此进行尚不确定

在斯尼夫鲁法老统治埃及的第 15 年,他迁都到了代赫舒尔,并在那里着手修建埃及历史上第一座真正的金字塔。我们现在熟知的金字塔形状——四角锥体,正是始于这位法老。然而,在那个伟大的试验时代,作为第一座真正的金字塔,人们在修建它的过程中遇到了诸多问题,建造计划也不得不多次改变。

最开始,斯尼夫鲁法老想修建一座小型金字塔,坡度为陡峭的 60 度。但是在建造过程中,地基无法承受巨石的重量,发生了沉降,导致金字塔的内部结构也存在坍塌的风险。所以这座金字塔的底座被加宽,坡度也缓和到了 55 度。此外,传统的石块放置方式需要将巨石向内倾斜,这同样增加了金字塔结构上的压力,因此,这座金字塔的坡度被进一步缓和到了 43 度,石块的放置方式也改成了水平式的。最终,斯尼夫鲁法老建成了这座有史以来最大的建筑物,它的高为 105 米、底边长为 188 米,有着一个从 45 米的高度开始坡度变缓的奇怪形状,被称作"曲折金字塔"。

金字塔东北角的装饰石板，已经脱落了一部分

"曲折"的位置。在45米的高度处，角度从60度变为55度，形成了独具特色的金字塔形状

刻有斯尼夫鲁法老王名圈的石碑

金字塔的内部也进行了新的尝试。在这座金字塔内，第一次把墓室设置在了地上，而非地下，这是为了让法老更接近天上的太阳。正是这个时候，埃及开始出现将法老王视为太阳神的信仰。斯尼夫鲁还是第一个使用象形茧的法老。象形茧呈长椭圆形，圈内书写的名字是法老的名字，象征着法老王掌控所有太阳之下的土地。为了迎合太阳崇拜的兴起，金字塔的入口不再像过去那样设置在与拱极星相连的北侧，而是设置在了太阳落下的西侧，还给墓室设计了两条通道和具有双层叠涩结构的屋顶。

曲折金字塔复合体是最早有着河岸神庙、神道、葬祭神庙等一系列建筑物的金字塔复合体，这些建筑形制在后世成为传统。河岸神庙建在距离金字塔东北角约600米处的位置。有趣的是，最近的考古发掘发现，这个位置原本修建过比河岸神庙更古老的建筑物。那座建筑物处于巨大的园林中，是一个由土坯砖砌成的祭祀建筑。在这个沙漠园林里，种植着300多株树木，包括椰子树、梧桐树和从黎巴嫩进口

河岸神庙下层的庭院遗迹。曾种着椰子树、梧桐树、柏木等共计 300 株以上的树木

由于有装饰石板,建成的结构沉重。可以看到金字塔的传统技法

从河岸神庙到金字塔
（改编自 Lehner, M 1997, p104）

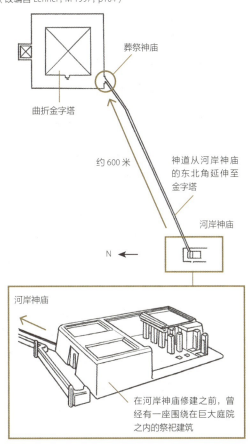

的柏木。在河岸神庙里还发现了举行过丰产仪式的痕迹,在神庙工作的神职人员所居住的城镇轮廓由此也逐渐变得清晰起来。

从河岸神庙延伸出来的神道连着东边的祭葬神庙。这座祭葬神庙是一座小小的建筑物,有一个礼拜堂和两块无字石碑。很难想象法老的葬祭仪式是在这里举行的,一些研究者以此为佐证,认为这座金字塔不是作为陵墓修建的,而是一座空墓。

斯尼夫鲁法老最后修建的金字塔。
他也许就埋葬于此

红色金字塔与牛群数量调查

埃及篇 v 2-4

红色金字塔建于斯尼夫鲁王朝末期。这座通常认为在短时间内建成的金字塔，留下了劳动者们的宝贵记录。

上图：从正下方仰视叠涩砌法的屋顶
左图：采用了叠涩砌法的前厅
右图：斯尼夫鲁法老的赛德节仪式浮雕

在斯尼夫鲁法老统治埃及的第 30 年，在举行赛德节祭典的同时，他开始修建一座最新的、也是最后的金字塔。这座金字塔的建造场所就选定在"曲折金字塔"以北约 2000 米的位置。

这座金字塔非常巨大，高度为 105 米，底边长度达到了 220 米，但是坡度相当缓和，只有 43 度 22 分，与曲折金字塔的上半部分坡度大致相同。这显然是吸取了修建曲折金字塔时的失败教训。

这座金字塔外层的装饰石板已经脱落得到处都是，在其中一些石材上有古代工人留下的红色涂鸦。虽然这些文字被归类为"涂鸦"，但那个时代的文字几乎都是手写的官方文字资料。在这些记录里，提到了"第 15 次牛群数量调查，西南墙角的石头"。这个调查大约每两年进行一次，

因此，当时应该是斯尼夫鲁统治埃及的第 30 年。此外，在从底座往上的第 30 个台阶上同样发现了一处涂鸦，日期是在 4 年之后。据此推测，以前一般认为修建红色金字塔需要至少 15 年时间，甚至可能需要 20—22 年，但事实上可能只用了 10—11 年。

这座金字塔内部共有 3 个房间：两个有叠涩结构屋顶的前厅和一个墓室。这 3 个房间都位于地上。

这些房间的位置反映了这样一个事实：正如我们至此所见，作为法老陵墓的金字塔在这个时代被看作太阳的象征。事实上，这座金字塔的古称正是"斯尼夫鲁闪耀着"。虽然墓室在后世遭到了盗墓者的洗劫，连地板都被拆了，但考古研究者还是发现了一块头盖骨，里面去除了大脑，还留有曾经注入树脂的痕迹。但是，尚不清楚这块头骨是否属于斯尼夫鲁法老本人。

这座金字塔复合体留下来的遗址很少。据推测，这里可能建造过一个河岸神庙，但是在考古发掘中并没有找到对应的痕迹，至于神道则似乎根本没有建造过。一般认为，这表明这座金字塔复合体的修建由于斯尼夫鲁法老的死亡而匆忙结束。相比前几座葬祭神庙，位于红色金字塔以东的这座葬祭神庙在结构上有了进一步发展。这座葬祭神庙建造了一个中庭，还有用来种植植物的圆坑，以及一座有着一扇假门的礼拜堂。非常有意思的是，在这附近发现了本来应该安置在金字塔顶的顶石碎片。现在，它被放在葬祭神庙的中心，以供展示。

上图：本应位于金字塔顶的顶石
下图：红色金字塔的墓室内部。地板也因盗墓者的洗劫而消失不见

看起来如同涂鸦般的文字。这些手写的文字却是宝贵的研究资料，或许能反映当时的社会风貌和人们的生活状况

上图：发现于红色金字塔的涂鸦之一。虽说不是装饰石板，但也是了解当时社会样貌的宝贵记录

下图：中王国时期的模型。还原了当时牛群数量调查的情形

埃及篇 V2-5

塞拉小金字塔

塞拉小金字塔虽然高度不到 7 米，但是作为王室崇拜的象征，发挥了重要作用，成为此后修建巨大金字塔的原动力。

是"法老的象征"
也是通往巨型
金字塔的第一步

塞拉小金字塔。在上埃及地区，修建了 7 座和它有着同等规模的小金字塔

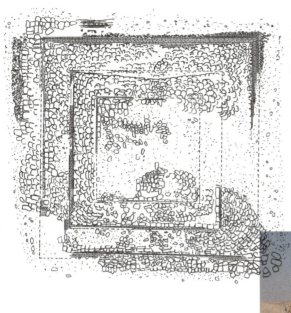

塞拉小金字塔的平面图
高 6.8 米，地基底边长 25 米，这种小规模正是它的特征之一
（改编自 Lesko, L.H 1988, p233）

与其他金字塔相比，这座金字塔使用了小型的石块

金字塔修建的高峰期在第四王朝，而在第四王朝初期，在上埃及地区修建了 7 座小型金字塔（下埃及地区至今尚未发现）。因为没有埋葬场所和下部结构，这些金字塔也被称作祭祀金字塔。一般认为，它们中的绝大部分都是由斯尼夫鲁法老的父亲——胡尼法老下令修建的。但是，在这些金字塔中有一座由斯尼夫鲁法老本人下令修建的金字塔，那就是塞拉金字塔。

这座小型金字塔高 6.8 米、底边长 25 米，修建在美杜姆金字塔以西的沙漠高原上。

这 7 座金字塔都处于古代埃及各州的首府。因此，一般认为这些金字塔是作为法老王的权力象征而修建的，其目的在于强化中央集权，在各地推行王室崇拜，并建立一个能使地方经济融入国家经济体系的系统。最终，也正是这个系统使巨型金字塔群的修建成为可能。

以前，对埃及古王国时期的金字塔研究都集中在孟菲斯地区，因为这里是金字塔的实际修建地。但是，现在的研究开始采用一种更全面的视角，这种视角不再把研究重点聚焦于建筑技术上，而是更全面地探寻金字塔是在当时怎样的国家体制下修建的。在后面关于吉萨的章节里，我们将会看到世界上最古老的莎草纸文献——这份从东部沙漠出土的文献足以追溯到胡夫法老的时代，上面可见苏伊士湾港口的修建，为了从西奈半岛获得铜和绿松石而进行的路线开拓，在西部沙漠的"雷吉德夫法老的水山"处寻找矿物的探险，还有从黎巴嫩进口雪松和油橄榄的贸易。根据这些信息以及从"金字塔聚落"出土的文物，我们将逐渐了解这个时代庞大的人流和物流，以及如同所谓"御道"般的交通网络。

3 胡夫金字塔

埃及篇 3-1 | 金字塔的选址

胡夫金字塔，无疑是世界上最广为人知的金字塔。考古学家至今仍在调查中，不断有新的发现。

胡夫金字塔是胡夫法老的陵墓，它坐落于现今埃及首都开罗市中心西南方向约 20 千米处的吉萨高原上。公元前 2500 年左右，是谁选择将胡夫法老的陵墓修建于此，又是如何确定的这个修建地点？

根据过去将近 30 年的考古发掘，矗立着三大金字塔的吉萨高原，不仅是林立着王公贵族陵墓和与葬祭相关神庙的"Necropolis"（意为死者的城市），还是一座"活人的城市"——这里有贵族和工人们的居所，甚至王室成员居住的王宫也坐落于此。也就是说，这里其实就是法老处理行政事务的首都。因此，选择吉萨高原作为金字塔修建地点正是因为这里是重要的政治和宗教中心。而从土木工程的角度来看，这里也有着得天独厚的优势——可以开采出大量的石灰岩作为修建金字塔的建筑材料。此外，吉萨高原坚实的地基也是选址的理由之一，毕竟胡夫法老的父亲斯尼夫鲁法老在代赫舒尔修建金字塔时就遇到过地基沉降的问题。

胡夫金字塔在吉萨高原的选址，很可能是由胡夫法老本人和拥有"法老所有建筑的监察官"头衔的宰相赫米乌努（Hemiunu）以及胡夫法老

站在"南山"上的胡夫法老和他的廷臣们。他们依据政治观点、宗教观念以及修建条件,选定了胡夫金字塔的修建地址

的廷臣们共同决定的。

从地缘政治的角度看,当时的古埃及与黎巴嫩等地中海沿岸地区的贸易正在逐渐增长,因此,将都城从南部的美杜姆迁都到更北边的吉萨顺理成章。从宗教的角度看,如果以金字塔为参照物,吉萨与尼罗河东岸的赫里奥波里斯正好位于对角线,而后者正是太阳崇拜的发源地,金字塔的选址也正展示着二者之间的联系。

最重要的是,吉萨高原由一块巨型石灰岩岩层构成,这一岩层东西方向的长度为 2.2 千米,南北方向的长度为 1.1 千米。这就使得吉萨高原不但适合作为金字塔的采石场,还有适合作为金字塔地基的地质条件。金字塔不是建在沙漠的沙子上,而是建在了坚硬的沉积石灰岩层上。那正

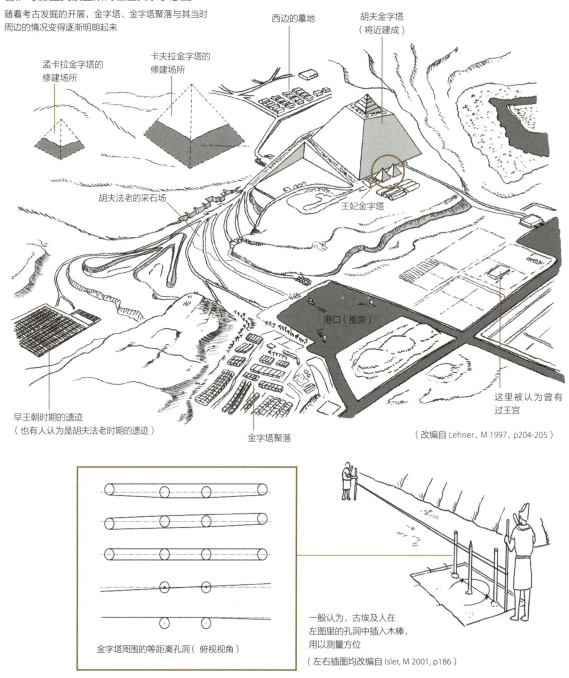

是沉积于始新世的所谓"莫卡塔姆地层"。

不过,胡夫法老并不是第一个发现这个地方的人。20世纪初进行的考古调查表明,早在埃及早王朝时期(公元前2900—前2545年左右),吉萨高原上就有过马斯塔巴坟墓和一些小规模的定居点。在寻找巨型金字塔的建造地点时,胡夫法老和他的廷臣们也理所当然地会追寻祖先的足迹吧。

建造金字塔不是一件只需要挖掘石灰岩然后向上搬运堆叠就万事大吉的事情。这是一项庞大的国家工程,需要建设布局、组织人员、确定配给、修建港口和运河以运输来自埃及境内和海外

在阿拜多斯遗址发现的伟大法老的小小雕像

出土于阿拜多斯的胡夫王雕像。相比于金字塔的庞大规模,这座雕像只是一座约 7.5 厘米的小小象牙制坐像

的物资,以及规划人员流动路线。当这些修建金字塔的人们面对前所未有的规模进行筹划并在技术层面上尝试各种各样的创新时,他们都有着怎样的兴奋和忧虑呢?遗憾的是,找不到关于他们当时心情和感受的书面记录,也无法从现有的考古资料里得知。

莫卡塔姆地层以南,有一块叫作马迪地层的黏土层,在这里可以一览吉萨高原,被称为"南山"。人们想象,胡夫法老和他的廷臣们就是在此推敲金字塔的修建计划的。这里与胡夫金字塔的底座处于同一高度,可以一目了然地看到与金字塔修建有关的全部要素,也就是金字塔、金字塔复合体、马斯塔巴坟墓群、采石场、人员流动的路线以及古代的定居点。站在这里,让人不由得缅怀起古代的法老诸王。

埃及篇 v3-2

红海港口与最古老的莎草纸文献

修建金字塔所需要的材料，
搜集自不同的地方。
描述当时修建状况的记录，
就记载于最古老的莎草纸文献里。

瓦迪·阿尔－加尔夫港附近的营房痕迹。远处能看到红海

金字塔不是只靠吉萨高原就能建成的。从吉萨高原的莫卡塔姆地层开采出来的石灰岩在品质上存在不足，为了制作装饰金字塔表面的白色光滑石板，不得不从对岸的图拉采石场开采石头。金字塔内部和周围神庙使用的黑色玄武岩和红色花岗岩也无法在吉萨地区采集到，只能从位于西南方向62千米外的法尤姆地区和680千米外的阿斯旺地区开采而来。深绿色片麻岩——最坚硬的岩石之一——只有在南面800千米以外的杰拜勒·伊尔-阿斯鲁（Gebel el-Asr）采石场才能开采得到，而这个采石场位于努比亚地区的沙漠深处。为此，古代埃及人组成了探险队，沿着尼罗河逆流而上，在沙漠里穿行，寻找各种珍贵的石材。

几年前，考古学家在红海沿岸的瓦迪·阿尔-加尔夫（Wadi al-Jarf）遗迹里，发现了世界上最古老的莎草纸文献。这份文献被称为"梅勒日记"，上面记录了一名生活在胡夫法老时代的名为梅勒（Merer）的监察官，以及他的下属们（既是水手也是开采并搬运石头的作业员）的活动。根据这份文献，梅勒及其下属借助尼罗河，在图拉采石场和吉萨高原之间来回奔波，运输石材。在运河的中途，有一个"蓄水池"（大概是一个类似港口的设施），他们似乎就是在这里筑堤并过夜的。

梅勒及其下属还从吉萨继续往东直到西奈半岛，这里是铜和绿松石的产地。4500年前，铜是最好的金属。在那个时代，铁还只能在从天而降的陨铁里获得，而青铜过于贵重，只会在一部分的陪葬品里作为金属装饰使用。当时，埃及最重要的铜矿就位于西奈半岛。在西奈半岛的瓦迪·纳斯布（Wadi Nasb），人们发现了大量的尾矿，以此估计，这里应该产出过10万吨左右的铜。在西奈半岛西南角的瓦迪·马加拉（Wadi Maghareh），还发现了从早王朝时期到古王国时期的法老王们在岩石上刻下的铭文和浮雕，以警示居住在那里的沙漠游牧民——贝都因人。从西奈半岛的矿床到吉萨高原，梅勒及其下属不仅在陆路完成了跨越300千米的旅行，还发展了航海技术，创造出了一条横穿红海抵达西奈半岛的捷径。

在瓦迪·阿尔-加尔夫港附近看到的大海。胡夫法老时代使用过的码头痕迹从面前伸向大海

发现于埃及国内的胡夫法老痕迹

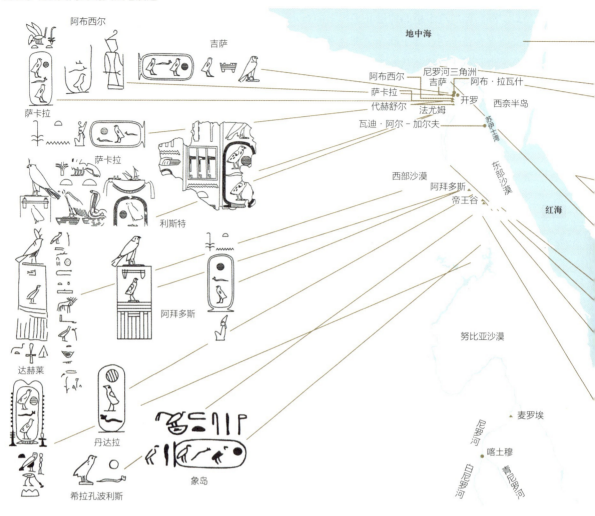

埃及最古老的莎草纸文献,被称为"梅勒日记"。梅勒是生活在胡夫法老时代,与胡夫金字塔修建有关的监察官

（改编自 Haase, M 2004, p11）

修建金字塔，不可或缺的是远征国内外的开拓精神

上图：瓦迪·阿尔－加尔夫遗址。在这里发现的莎草纸文献上，记载着石块的开采与搬运。岩石堵住了遮掩船只的洞穴
中图：发现梅勒日记的位置
下图：被拆解的船只隐藏在这个仓库里

埃及人之所以需要铜，是因为加工玄武岩和花岗岩时会用到铜质的凿子和锯子。但事实上，只靠铜是无法加工这些坚硬的火成岩的，不过可以将沙子作为磨料加工岩石。在加工过程中，铜的损耗速度很快，因此，埃及人对铜有着很高的需求量。

埃及人建造金字塔的远征并没有局限在国境内，还扩展到了北部的黎巴嫩和南部的苏丹。在黎巴嫩，埃及人采伐著名的黎巴嫩雪松以建造船只，这些船在当时就是法老王权的象征。他们还从这里进口油橄榄。在努比亚，埃及人沿着尼罗河逆流而上，穿越激流和险滩，寻找铜矿和黄金。

从宏观的角度看，正是这种开拓精神，使金字塔成功建造。

巨石的搬运与坡道

埃及篇 v3-3

胡夫金字塔所使用的石材大小不一，不合规则，其原因是什么？

胡夫金字塔建成时，高146.6米、底边长230米、坡度为51度50分，据估算，这座金字塔使用的石材总量为265万立方米。而现在，胡夫金字塔外层的光滑石板大部分已经脱落，塔顶被称为"Pyramidion"的顶石也已经不知所踪。数一数暴露在外面的岩石级数，会发现胡夫金字塔现在还有202级石阶。虽然石块的数量大约为230万块，但实际数量不详，这是因为石块的高度在48—150厘米不等，里面还有沙子和碎石。从石块的大小来看，底层的石头是最高的，越往上，石块的高度逐渐降低。然而奇怪的是，在第35级左右，石块的高度又变得很高，然后再往上逐渐降低；接着是在接近第70级的位置，石块又变得很高，再往上逐渐降低；然后是在刚过第90级的位置、第100级左右的位置、第120级左右的位置，都出现了石块变高的情况。这种奇怪的状

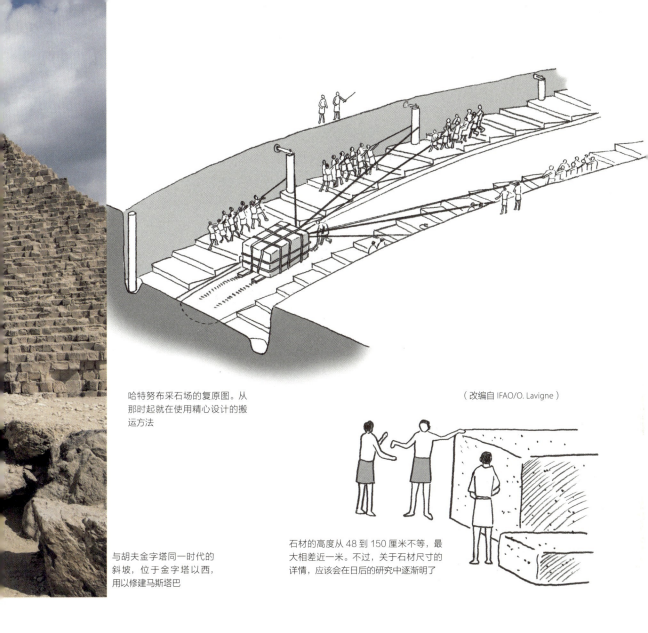

哈特努布采石场的复原图。从那时起就在使用精心设计的搬运方法

（改编自 IFAO/O. Lavigne）

与胡夫金字塔同一时代的斜坡，位于金字塔以西，用以修建马斯塔巴

石材的高度从 48 到 150 厘米不等，最大相差近一米。不过，关于石材尺寸的详情，应该会在日后的研究中逐渐明了

况大概是因为石灰岩采石场的各个岩层之间存在着厚度上的差异，与胡夫金字塔结构上的原因无关。在金字塔内部，墓室横梁使用的石材是从阿斯旺运来的巨型花岗岩石块，从石块的大小推断，它的重量有50—60吨。古代人到底是如何把这么多、这么重的巨石搬上来的呢？

根据考古学上的证据，埃及人搬运巨石的方式是把石块放在木撬上，然后用绳索拉上坡道。关于这个坡道的形状和角度有着几种不同的假说，但大概是存在一条从采石场一直延伸至金字塔附近的直道，然后从那里围绕着这座巨大的金字塔螺旋上升。在埃及中部的明亚省，有一座名为哈特努布（Hatnoub）的古代采石场，这里因产出一种名为埃及雪花膏石的美丽乳白色石材而闻名，几年前，在这座采石场里发现了一条足以追溯到胡夫法老时代的坡道。由此可见，为了搬运这些石块，古埃及人费尽了心思。这条斜坡的坡度超过 20 度，虽然这个坡度对搬运巨石来说过于陡峭，但是这条坡道的两边设有台阶，可以提供拉动巨石的立足点。在坡道的地面上还发现了一些等距离的洞，用来插入木制的柱子，巨石就是通过把绳子套在这些木柱上，一步一步运上来的。

埃及篇>3-4

石灰岩的采掘方法

石材的采集工作究竟是如何完成的？实验考古学揭示了一些石灰岩采掘中的技术与原理。

石灰岩是修建金字塔最常用到的石材。关于古代的采石方法，目前已知的内容不多。但是根据实验考古学以及吉萨高原上留下来的一些采石痕迹，比如，要研究胡夫法老时代的采石方法，可以参照胡夫金字塔内的一个未完成的地下室——我们能逐渐了解古代采石方式。

采集石头的第一步是先在地面挖一条至少50厘米宽的沟渠。之所以需要挖这么宽的沟渠，是因为那个时代在技术上还无法生产大型的硬质金属工具，工人们不得不手持铜制的小凿子、木槌和石制工具进入沟渠里挖掘。到了后来的罗马时代，由于有了更长、更耐用的工具，沟渠的宽度也在渐渐变窄，没有必要再进行那么多无谓的挖掘。

接着，需要将石块切离底面。作为沉积岩层，石灰岩上有一道道的裂缝，古埃及人利用了这一点。在把沟渠挖到一定程度之后，他们会借助杠杆原理，将稍大的木材推到沟渠里，使石块与底面分离。特别是在吉萨高原，石灰岩层之间有按照一定的间隔沉积的柔软泥灰岩层。因此，只要挖开泥灰岩层，就能比较容易地采掘出石灰岩块。在前一节中提到的金字塔石块的高度差异，也许就与这些泥灰岩层的沉积分布有关。

此外，古埃及的工人还利用水来提高效率。因为石头中含盐的浓度会影响石头的硬度，所以往沟渠里倒水，让石头吸收水分，就能溶解掉石头里的盐，软化石头，便于开采。法国学者在瓦迪·阿尔-加尔夫进行的实验考古学研究表明，经过这样的处理，石头的开采速度是干燥石头的6倍。

更有趣的是，所采掘的石头的量与采掘石头过程中产生的废弃物的量的比例约为1∶1，也就是说，废弃物的量与采石量相近。考虑到石灰岩的膨胀系数约为1.5，我们估计如果为了修建金字塔，在吉萨高原上开采了200万立方米的石头，那么，就会有接近300万立方米的废弃石头不得不处理掉。这些碎石无疑会作为建筑材料而被回收利用，用以建造坡道、立足点等与金字塔修建相关的设施。

塞入木材的方法

金字塔时代

罗马时代

现代

将木材推入沟渠分离石材。这种施工方法是为将石材底面在水平方向上分离而量身定做的

极尽当时土木技术之巧的石材采集与加工

采集石材的实验考古学正在推测当时使用过的方法并测试是否具有可行性

金字塔复合体与船

埃及篇 > 3-5

尼罗河在金字塔修建的过程中,起到了举足轻重的作用。这条大河,与当时人们的交通也息息相关。

胡夫金字塔给人的印象往往是寂静地矗立在沙漠深处,但事实上,它坐落于尼罗河绿洲与沙漠的交界处。在胡夫金字塔的周围,有葬祭神庙、船坑、围墙、神道、河岸神庙以及附属的小金字塔等各种各样的建筑物,星罗棋布。这些群体建筑被统称为"金字塔复合体"。

在古代,水路是运输人员与货物的交通要道,要从尼罗河前往胡夫金字塔,就不得不经由运河。通过运河前往胡夫金字塔,最先到达的地方,就是与制作木乃伊有关的河岸神庙。胡夫金字塔的河岸神庙目前只剩下了一些玄武岩的建筑材料,神庙的大部分区域仍然埋藏在地下,尚未被发掘出来。从这座神庙前往胡夫金字塔,需要经过一条约740米长的神道。因为胡夫金字塔修建在巨大的石灰岩高原上,所以这条神道的起点与终点也有40米以上的高度差。神道的墙面后来被拆除,被用作另一座金字塔的建筑材料。根据目前发现的断壁残垣,可以推断墙面上本来应该覆盖着美丽的浮雕。神道从河岸神庙连接到金字塔以东的葬祭神庙。从神道步入葬祭神庙,就到了一座被花岗岩柱子环绕着的露天大殿,大殿的地板由玄武岩铺成。与以前的小型葬祭神庙相比,它的规模要大得多。这里举行了怎样的葬仪尚不清楚,但大概起着象征法老的永恒王宫的功能。葬祭神庙在结构上属于金字塔的外墙的一部分。这堵外墙由产自图拉采石场的优质石灰岩建成,据推测,建成时高约8米。

在胡夫金字塔附近发现了5个坑,其中有3个船形坑,现在里面空空如也。通常认为这些船具有象征意义,代表着作为太阳神的法老王乘着太阳船穿越冥界,前往来世。另外两个坑呈长方形,坑里发现了两艘已被拆卸的巨大木船。这些被拆卸的木船很可能在胡夫法老的葬礼上使用过。在古埃及,拆解和重组船只的做法不只是一种宗教行为,还是一种实用的、众所周知的习惯。在修复好的第一艘船的船篷上没有通风口,但覆盖着一个芦苇制的垫子。往里面加水就能利用蒸发吸热的原理调节船篷里的温度,使之宛如一个天然的冰箱,用来冷却放在船篷里的胡夫法老遗体。此外,这艘船上没有可以使用的船桨和船帆,但近年在另一艘船上发现了用来固定船桨的部件。经分析,这艘船需要很多人一起划桨才能行驶。

胡夫金字塔的东侧还有3座王妃金字塔和为胡夫法老的"卡"(古埃及关于灵魂的概念之一,也译作"生命力")而修建的小型金字塔以及其他王室成员的马斯塔巴墓。这里正是名副其实的埃及皇家陵园。

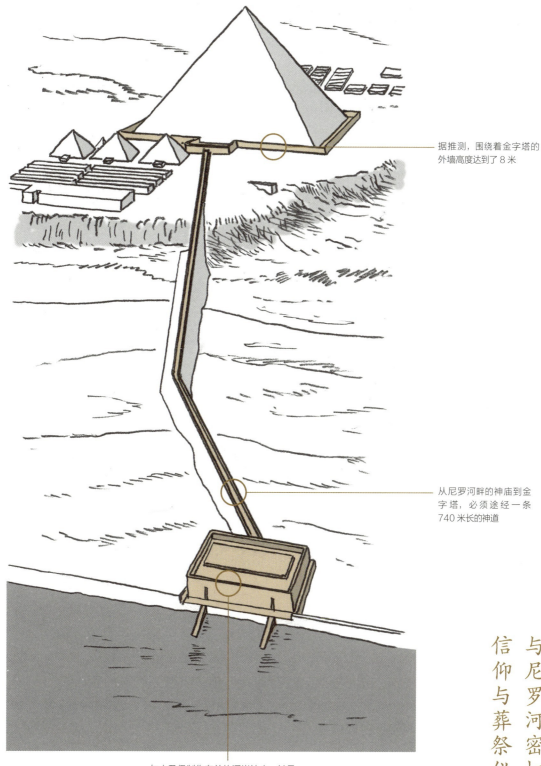

据推测,围绕着金字塔的外墙高度达到了 8 米

从尼罗河畔的神庙到金字塔,必须途经一条 740 米长的神道

与木乃伊制作有关的河岸神庙。其具体情况尚不明确,只知道似乎使用了黑色玄武岩作为建筑材料的一部分

(改编自 Monnier F. and D. Lightbody 2019, p63)

与尼罗河密切相关的信仰与葬祭仪式

埃及篇 v.3-6
胡夫金字塔的内部结构与星辰信仰

胡夫金字塔内部仍有无数的谜团尚未破解。比如，用来护卫主墓室的房间、和星象有关的通风孔……本节将介绍这些结构背后已被探明的秘密。

胡夫金字塔有着前无古人、后无来者的独特内部结构，在当时，修建一座这样的建筑物无疑是一种挑战。前代法老斯尼夫鲁史无前例地把金字塔内部的墓室和通道建造在地上，而胡夫法老更进一步地把墓室和通道扩大化、复杂化。目前，在胡夫金字塔内共发现有 3 个墓室。从下往上看，分别是"地下室""王后墓室"和"法老墓室"。

地下室位于地面以下 30 米处，这里尚未完工，还留有工人们在石灰岩基岩上开凿到一半的痕迹。据推测，这里尚未完工是因为通往地下室

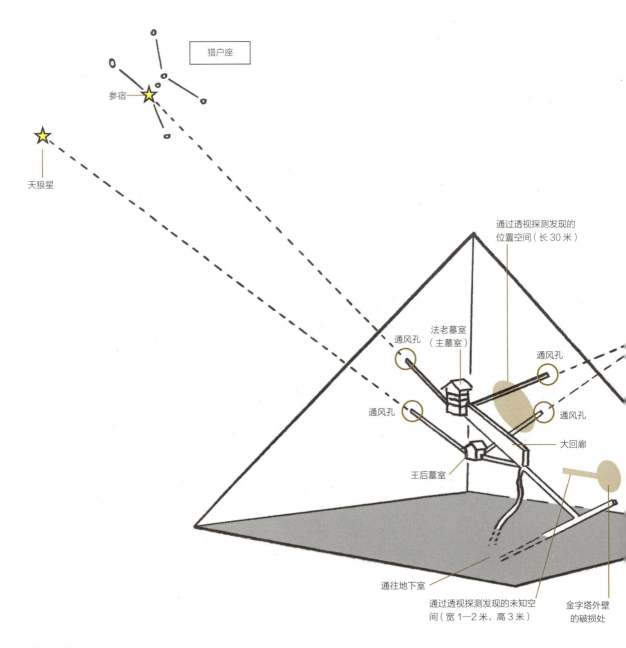

的"下行通道"过于狭长（宽 1.05 米、高 1.2 米、长约 105 米）。坡度也有 26 度，仅是上上下下就是艰巨的任务，考虑到还需要把地下挖掘出的碎石运到金字塔外，这个地下室的修建将耗时许久。最终，或许是这里被放弃了，又或许，这里破败荒凉、半途而废的状态本身就象征着冥界的洞窟吧。

王后墓室位于地面以上 30 米处，宽 5.25 米、长 5.75 米，是一个由白色优质石灰岩建造的美丽房间。虽然叫作王后墓室，但是这里没有王后埋葬于此的痕迹，仅仅只是阿拉伯探险家起的俗称。

这个墓室很可能是古埃及语里所说的"佩鲁托特"（意为"雕像之家"），胡夫法老的雕像原本应该就安放在墓室东面的大型阶梯式壁龛里。在墓室的北面和南面，有被称为"通风孔"的小孔，这些小孔约 20 厘米见方，像天线一样向外延伸，正对准着 4500 年前的天狼星和小熊座的北极二。然而奇怪的是，这些通风孔都被石灰岩制的塞子堵住了，上面还有铜质的把手。

主墓室（即法老墓室）位于地面以上 43 米处，由阿斯旺产的红色花岗岩建造而成。这间长方形墓室宽 5.24 米、长 10.49 米，墓室深处孤零

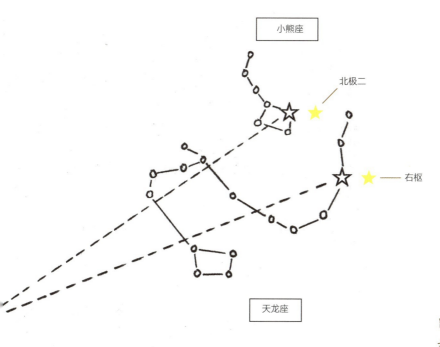

至今仍谜团众多的通风孔、大回廊，它们和构成星座的群星有着怎样的关联？

主墓室。墙面用红色花岗岩制成，与白色的王后墓室形成对比，显露出浑浊的黑色

王后墓室。墙面看起来是白色，这是因为使用了优质的石灰岩

经过漫长的研究工作，终于理解各室的结构与用意

位于金字塔最下方的地下室

从上升通道通往墓室的大回廊。宽 2.1 米、高 8.7 米，特征是采用了天花板逐渐变窄的叠涩结构

零地摆放着一具花岗岩制的棺材。墓室的墙壁上没有任何壁画或铭文，显得十分简朴而厚重，声音可以在里面回荡。与王后墓室相同，法老墓室的南北墙上都设有"通风孔"，分别对着猎户座腰带三星中的参宿一以及那个时代的北极星——右枢。墓室屋顶上有一根重达 50—60 吨的花岗岩横梁，横梁以上建有 5 个低矮的小房间，这 5 个小房间如同阁楼一般层层重叠，被称为"减压室"。这些减压室用来分散来自金字塔上方巨大石块的重量，保护法老墓室免于倒塌。

胡夫金字塔内部最神秘的空间当属被称为"大回廊"的地方。在埃及 100 多座的金字塔群中，这是目前已知的最大内部空间。大回廊长 46.7 米、宽 2.1 米、高 8.7 米，采用了天花板逐渐变窄的叠涩结构。大回廊以 26.6 度的角度向法老墓室倾斜，从这里望向法老墓室，仿佛要被吸进去一般。它的建造目的和功能尚不明确，有人认为这里是用来搬运法老墓室里的巨大横梁的，也有人认为这里是用来举行搬运法老木乃伊到墓室里的葬仪的。

此外，前几年还使用宇宙射线缪子辐射成像的方式对金字塔进行了扫描，就像用 X 射线透视人体一般，人们对金字塔内部有了一些新的发现。其中，在大回廊的正上方，离地面 60—70 米处，发现了一个新的空间，它的截面大小（长 × 宽）与大回廊相当，长度约为 30 米。除此之外，在北面入口的上方还发现了一个宽 1—2 米、高 1—3 米，如同通道般的空间。金字塔原本是有两个入口的吗？最新的调查结果反而让胡夫金字塔的谜团变得更深了。

4 卡夫拉金字塔

埃及篇 4-1

卡夫拉法老的选择
——回归吉萨

吉萨高原上，胡夫金字塔巍然屹立。随着王权的更迭，法老陵墓的选址也移到了别处。直到卡夫拉法老统治时期，吉萨再次被选为金字塔的修建地。

胡夫金字塔完工之后，吉萨出现了一段金字塔建设的真空时期。胡夫法老的继任者雷吉德夫法老没有选择吉萨高原，而是在吉萨高原以北几千米处的阿布·拉瓦什（Abu Rawash）高原建造了他的金字塔。一般认为，雷吉德夫法老选择阿布·拉瓦什作为王墓的修建地址，是因为这里的位置与东部的赫里奥波里斯存在联系，而那里正是新兴的太阳崇拜的中心。也正是从这一时期开始，王权变得与太阳崇拜息息相关，太阳神拉（Ra）的名字被加入一些王室成员的名字，例如，法老雷吉德夫（Radjedef）的名字意为"太阳神拉不朽"，法老们也开始使用"太阳之子"的称号。卡夫拉法老是雷吉德夫法老的兄弟，他登上埃及王位之后，把金字塔的修建场所重新选定在了吉萨。

卡夫拉法老试图通过把太阳崇拜和王室葬祭仪式联系起来的方式加强法老王权。推动这个计划的是他的叔父宰相安克-卡夫（Ankh-haf），他是胡夫法老的兄弟，也就是斯尼夫鲁法老的儿子之一。他参与了其家族所有金字塔的修建工程：

卡夫拉国王的坐像，由片麻岩制成。这是埃及最硬的石头之一

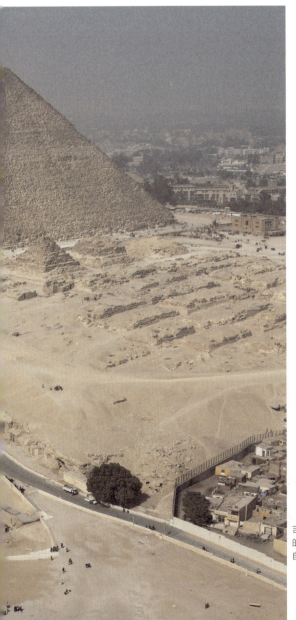

吉萨高原上，胡夫、卡夫拉两座巨大的金字塔巍然屹立。卡夫拉法老称呼自己的金字塔为"大金字塔"

经过了一段真空时期，金字塔又回到了吉萨高原上斯尼夫鲁法老的4座金字塔、胡夫金字塔、阿布·拉瓦什的金字塔。他在修建金字塔上有着十分丰富的经验。

他们有着十分宏伟的计划。在胡夫金字塔的西南方，他们修建了一座大小与之相近的金字塔，这两座并列着的金字塔，创造出了埃及历史上前所未见的壮观景象。每到夏至时分，太阳会正好从两座巨大的金字塔之间落下，埃及圣书体当中的阿克特（Akhet，意为地平线）一词正源于这一场景。在这一时刻，沉入沙漠山谷里的夕阳被视作通往冥界的大门，在那里，死者最终会化为受到祝福的灵魂——阿库（Akh）。这样的场景一年只能看到一次，被称为"阿克特的奇观"。此外，如果把连接卡夫拉金字塔和胡夫金字塔的西南至东北对角线延伸24千米左右，就能连接到赫里奥波里斯。

卡夫拉金字塔的地基也经过了慎重的挑选。修建者们把它的修建地点定在了比胡夫金字塔的地基高出10米左右的地上，并把这座金字塔的坡度修建得稍微陡峭一些，以使该金字塔能有足够的高度。对这两座金字塔的大小进行比较：卡夫拉金字塔高143.5米，胡夫金字塔比它高出3米；卡夫拉金字塔底边长为215米，胡夫金字塔比它长出约15米。不过，完工后的卡夫拉金字塔海拔为213.5米，比胡夫金字塔还要高出约7米。今天，"大金字塔"一般指的是胡夫金字塔，不过在当时，卡夫拉法老将他的这座金字塔命名为威尔·卡夫拉（Wer Khafre，意为"卡夫拉是伟大的"或"卡夫拉是巨大的"）。换言之，他认为自己的金字塔才是"大金字塔"。

被东方升起的太阳照亮的两座金字塔

金字塔聚落

埃及篇 >4-2

那些参与修建金字塔的人们,他们生活的地方就是金字塔聚落。生活在远古时代的他们在那里饮食、休息……接下来将介绍一些已知的情况。

为了完成修建金字塔的伟大工程,首先需要做的是建造一个供人们居住的城镇。曾经,古埃及被看成一个"没有城市的文明"。这种理论的出现是因为考古学家们被神庙里壮丽的雕塑、王墓里埋藏的财宝吸引了注意力,为了寻找更多的"艺术品"而进行考古发掘,并因此累积了太多片面的信息。直到后来,随着古埃及语的破译和宗教文献的翻译,人们才了解了尼罗河西岸为墓地、东岸为城市的梦幻景象。从古至今,人们都是现实的。卡夫拉法老和他的宰相安克-卡夫,在狮身人面像以南约 500 米处的位置建起了一座城镇聚落。

1989 年,美国考古学家马克·莱纳(Mark Lehner)领导的国际科考团队发现了这座聚落的遗址。这里通常被称为"金字塔聚落"或"失落的金字塔城"。金字塔聚落的挖掘工作至今已经持续了四分之一世纪。这里还是前述莫卡塔姆层的底边,有一个港口,并通过运河与尼罗河相连。因此,也可以视金字塔聚落为一座港口城镇。城镇的占地面积光是已知的部分就有 0.11 平方千米。然而,由于金字塔镇被掩埋在了现今吉萨市的地下,其实际面积可能要大得多。这座金字塔

金字塔聚落的布局

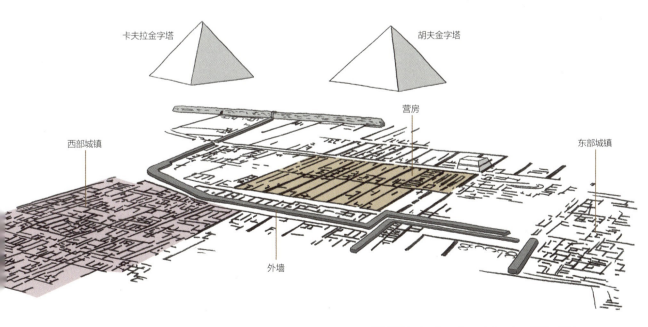

(改编自 Ancient Egypt Research Associates 2009, p8-9)

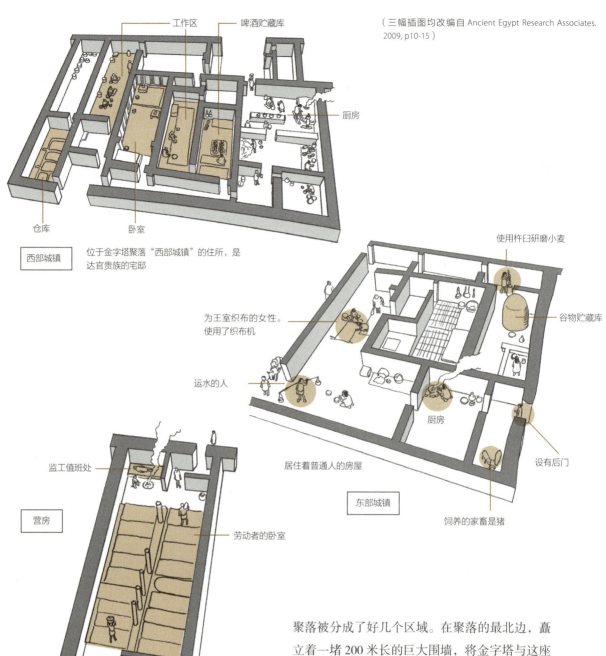

（三幅插图均改编自 Ancient Egypt Research Associates. 2009, p10-15）

西部城镇 位于金字塔聚落"西部城镇"的住所，是达官贵族的宅邸

东部城镇 居住着普通人的房屋

营房 营房，参与修建金字塔的人居住于此，形如日式长屋

聚落被分成了好几个区域。在聚落的最北边，矗立着一堵 200 米长的巨大围墙，将金字塔与这座城镇隔开。不过，这堵墙不是神圣与世俗的分界线，而是保护金字塔免受大雨和洪水侵袭的围墙。不同于今天，当时这一地区降水量更大，每隔几年就会有一次足以引发沙漠洪水的大暴雨（对现在的我们来说有些难以想象的是，金字塔曾被大雨淹没过好几次）。

在聚落的中心，建了一些宛如营房的坚固群体建筑，墙壁有 1.5 米厚。这些群体建筑分为 4 座，每座营房都由 8—11 间狭长的屋子并排组

庶民与贵族以及营房的日常究竟是什么样子的？

建设金字塔的人员组织图

参与修建金字塔的人：20个人组成一支小队，10支小队可以组成一支200人的中队，5支中队可以组成一支1000人的大队，最后组成了2000人的联队

小队 20 人

联队 2000 人

大队"孟卡拉的友人们" 1000 人

大队"孟卡拉的酒鬼们" 1000 人

中队 200 人　中队 200 人　中队 200 人　中队 200 人　中队 200 人　中队 200 人　中队 200 人　中队 200 人　中队 200 人　中队 200 人

成，形如日式长屋。从这些建筑物的规模来看，可以容纳近2000人。这里可能就是为远征队员提供的临时居所，他们负责运输用以修建金字塔的铜以及优质石灰岩、硬质花岗岩、绿松石等石材。

在营房以南，有一座由两层墙壁围成的建筑物，里面是一排并列粮仓。这里就是"王家的政所"，可以认为是管理物资的地方。金字塔聚落东部的区域被称为"东部城镇"，一些小屋子密集地分布于此。这里有如迷宫般复杂，是普通人居住的地方。另一侧的西部区域则被称为"西部城镇"，王公贵族们居住在这里。金字塔聚落的南边，还有一片养牛场，四周是30米宽、35米长的围墙。

金字塔聚落的物资非常充裕。居住在这里的人能分配到巨大的圆锥形面包。每个面包能提供约9500千卡的热量。此外，居民们还能分配到山羊、绵羊等动物的肉，用贵重的尼罗金合欢木烧成的炭作为燃料。贵族们可以在沙漠狩猎并品尝当时仍然栖息在这一地区的瞪羚和狷羚，可以享用配给的细嫩仔牛肉和啤酒，尽情地享受生活。

新港口与航海技术的发展

埃及篇 4-3

卡夫拉法老在位期间,航海技术得到了进一步的发展。红海的航行路线发生了改变;同时,随着与他国的贸易逐渐频繁,埃及开始进口各式各样的物资。

出土于金字塔聚落的黎巴嫩陶器(双耳陶罐)。一般认为用来盛装橄榄油。埃及与黎巴嫩的贸易开始于早王朝时期(公元前 2900—前 2545 年)

和父亲胡夫法老一样,卡夫拉法老也向国内外派出了远征队,以获得铜、绿松石和各式各样的矿石,以及黎巴嫩雪松和油橄榄。

在前往西奈半岛铜矿的线路上,他没有选择胡夫法老使用过的港口,也就是红海沿岸的瓦迪·阿尔-加尔夫港,而是在吉萨附近修建了一个新的港口,名为艾因·索霍纳(Ayn Soukhna)。瓦迪·阿尔-加尔夫港修建于祖父斯尼夫鲁法老统治的时代,是从当时的都城美杜姆前往西奈半岛时最合适的港口位置,从那里横渡苏伊士湾,只需要乘船 50 千米就能到达目的地。然而,随着金字塔的修建,都城迁到了北边的吉萨之后,红海沿岸的港口也有迁往北边的必要,于是就在吉萨以西约 125 千米处开辟了艾因·索霍纳港。从这个港口前往西奈半岛的瓦迪·马加拉铜矿需要航行 110 千米,但卡夫拉法老统治的时代的航海技术已经有了飞跃性的发展。可以认为,艾因·索霍纳港还被作为与蓬特之地开展贸易的据点,那里位于"非洲之角",后来被古埃及人称为"神的国度"。

与北部黎巴嫩的贸易始于早王朝时期(约公元前 2900—前 2545 年左右),斯尼夫鲁法老从那里进口了大量的黎巴嫩雪松。卡夫拉法老则从那里大量进口油橄榄,在金字塔聚落里还发现了来自黎巴嫩的双耳罐碎片。碳分析的结果表明,双耳罐里装有橄榄油,并用橄榄树枝作为捆包的材料。

位于南部努比亚沙漠的杰拜勒·伊尔-阿斯鲁采石场从这一时期开始频繁使用,并作为"卡夫拉的采石场"而广为人知。在卡夫拉的采石场发现了一种半透明的深绿色片麻岩,这是在埃及发现的最坚硬、最稀有的矿石。卡夫拉法老的雕像就是由这种矿石制作而成。

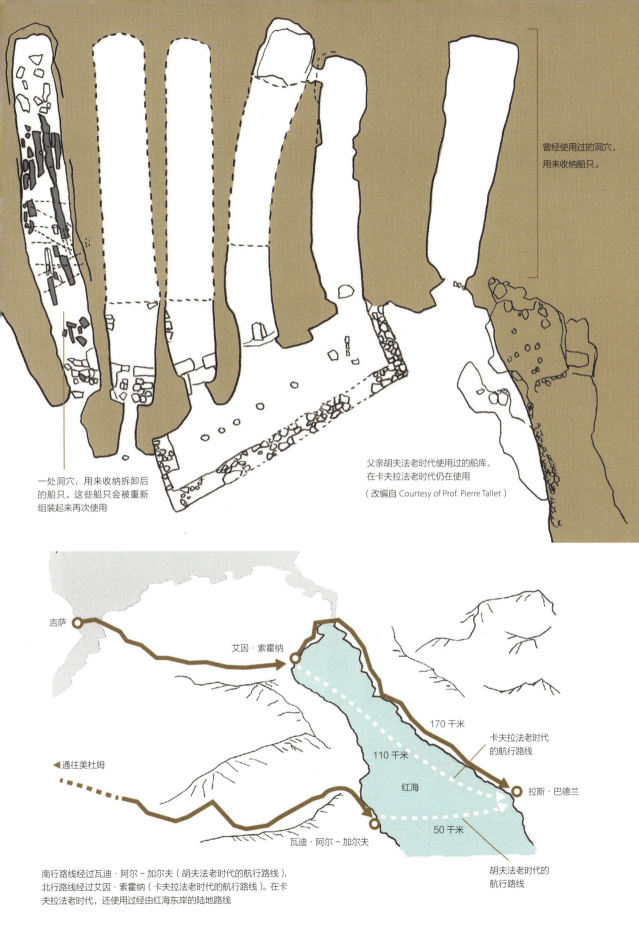

曾经使用过的洞穴，用来收纳船只。

一处洞穴，用来收纳拆卸后的船只。这些船只会被重新组装起来再次使用

父亲胡夫法老时代使用过的船库，在卡夫拉法老时代仍在使用
（改编自 Courtesy of Prof. Pierre Tallet）

南行路线经过瓦迪·阿尔-加尔夫（胡夫法老时代的航行路线），北行路线经过艾因·索霍纳（卡夫拉法老时代的航行路线）。在卡夫拉法老时代，还使用过经由红海东岸的陆地路线

埃及篇 4-4 金字塔复合体与法老的葬仪

法老死后进入诸神的世界，为此，需要举行清洁法老、制成木乃伊并下葬的仪式。这一过程已经相当明了。

卡夫拉法老的金字塔复合体，包括卡夫拉金字塔和狮身人面像。左边深处是孟卡拉金字塔

河岸神庙的墙壁由红色花岗岩制成

在河岸神庙的通道下，出土了一尊卡夫拉法老的坐像。挖掘出的洞口现在已经用铁格子封了起来

河岸神庙的通道由埃及条纹大理岩（石灰华）制成，这是一种半透明的石头

现存的古王国时期的金字塔中，卡夫拉金字塔是保存状况最好的一座。它的高度为143.5米、底边长度为215米，坡度为53度10分。金字塔的顶部仍然保存着装饰用的石板，从这些装饰板上可以想象出金字塔原本的样貌。金字塔复合体的保存状态也很好，可以一览其全貌。

古时候，人们从东边经由运河前往吉萨高原，金字塔复合体的入口处至今还保留着用来停泊船只的码头遗迹。这里是港口的一部分，现在大部分被掩埋在沙子和城市之下。从码头处延伸出了两条宽约1.5米、长24米以上的长坡，缓缓地通往河岸神庙。

在河岸神庙前，仍然保留着"净化的帐篷"遗迹，这里是将法老的遗体制成木乃伊的地方。已故的卡夫拉法老在这里被取出内脏，除去大脑。由于这个过程过于血腥，所以没有在神庙进行，而是在一个简易的帐篷里进行。又因为需要清洗用水，这个简易的帐篷就建在了码头旁边。之后，需要用香油清洁尸体，用绷带包扎好并制成木乃伊。在河岸神庙的东北部，还发现了一个土砖平台的遗迹，王妃及其子女可能就是在这里观看葬祭仪式的。

接着，木乃伊被运到河岸神庙里。这座神庙使用了来自埃及全国各地的多种石材。神庙骨架用的是巨大的白色石灰岩，表面覆盖的是产自阿斯旺的红色花岗岩。地上铺着美丽的乳白色埃及条纹大理岩，上面安置着一组法老坐像，这组坐像象征着24小时。木乃伊被放置在大厅中央，需要经过大约273天的干燥。

在那之后，木乃伊会通过一条495米长的神道被运送到葬祭神庙，这里被称为"法老的永恒王宫"。神道保存至今的只有地基，但是在它完工的时候，墙上有装饰用的浮雕，顶上还有采光用的天窗。

葬祭神庙也由巨大的石灰岩建成，最大的石块重量甚至达到了200吨。虽然神庙的天花板已经坍塌，但其建筑构造保存了下来。这一构造有5个特征，这些特征成了后来金字塔复合体中葬祭神庙的标准形态，也就是：（1）入口大厅；（2）列柱大厅；（3）在壁龛里安置着法老雕像的5个房间；（4）5个用来存放供物的仓库；（5）至圣所。"5"在这里代表着什么尚不明确，但根据在阿布西尔（Abusir）发现的一份埃及第五王朝时期的莎草纸文献，在这5个房间中，正中间的房间里供奉着冥界之神奥西里斯（Osiris）的雕像。这大概代表了这一时期诞生的信仰，即逝去的法老将成为冥界之神奥西里斯。

> 法老在死后成为冥界之神，为此举行的仪式就是——木乃伊制作

河岸神庙的通道

这一时期制作的木乃伊并不一定是仰面朝天的。根据记录推测，将一具尸体变成木乃伊需要273天

未完成的大作
——吉萨的狮身人面像

这座半人半兽的雕像，现在以"斯芬克斯"之名广为人知。但不知道它在建造之时，被人们称作什么。这座雕像，还有这座神庙，就以未完成的状态被搁置了千年。

即使对古人来说，也是一座奇怪的雕像，因为这是有着人头与兽身的怪物

右图：出现在夏至时分的"阿克特的奇观"。太阳出现在两座大金字塔和狮身人面像的上空
下图：在沙漠里坐镇的狮身人面像，似乎在守护着卡夫拉金字塔

在卡夫拉法老统治的末期，开始修建一座前所未有的巨型雕像——一座长 72.55 米、高 20.22 米的狮身人面像（Sphinx，也称斯芬克斯像）。紧邻狮身人面像的东边，卡夫拉法老还在此修建了一座斯芬克斯神庙。这座神庙南北长约 52 米、东西宽约 46 米，成为他的金字塔复合体的最后一块拼图。

对现代人来说，狮身人面像和金字塔、图坦卡蒙黄金面具一样，都是古埃及的主要象征之一。但是对 4500 年前修建这座巨像时的人们来说，这无疑是一座极其奇怪的雕像。一般来说，古埃及的神灵们都是隼、野犬或者山羊等动物的头部再配上人的身体。但是这座狮身人面像有一个戴着内梅什（Nemes）王巾的法老头部和一具狮子的身体。已知最早的披着内梅什王巾的雕像出土于阿布·拉瓦什，雕刻着雷吉德夫法老和他的妻子赫特菲勒斯二世（Hetepheres Ⅱ），这与狮身人面像几乎处于同一时代。不过对古埃及人来说，内梅什王巾的原形，其实就是这座由大块石灰岩雕刻而成的狮身人面巨像。

狮身人面像的修建地点原本是一座采石场，金字塔的石头就开采于此。古埃及人利用了那些剩余的石块修建这座巨像。从位置上看，这里正好可以和胡夫、卡夫拉两座金字塔相配合，使狮身人面像成为夏至可见的"阿克特的奇观"的一部分。而且，在春分、秋分的时候，巨像正对着从正东方升起的太阳，可以观赏太阳从东方升起，沿着斯芬克斯神庙的中轴线运行，然后在卡夫拉

狮身人面像与斯芬克斯神庙遗迹。两者都建于卡夫拉法老统治末期，也都未完工

上图：显示狮身人面像及神庙周围地区的三维示意图。狮身人面像的建成似乎是为了保护神庙

左图：俯瞰狮身人面像及神庙周围地区的三维示意图。神庙的中轴线沿着狮身人面像的南面一直延伸至金字塔上
（Yasumasa Ichikawa/World Scan Project 制图）

金字塔南侧落下的景象。

奇怪的是，虽然这个建筑工程严格地计算了太阳的运行轨迹和其他建筑物的位置，但狮身人面像和斯芬克斯神庙最终并没有完工，而是被搁置在了一旁。神庙的地面也是光秃秃的，没有修完，甚至狮身人面像原本叫什么不得而知，其现在广为人知的名字"斯芬克斯像"来自希腊神话里出现的怪物斯芬克斯，这只怪物有着美女的脸和胸部、狮子的身体以及鹫的翅膀。在埃及古王国时代，人们以所知的头衔和称谓，来称呼各座金字塔与神庙，但是没有任何一个与狮身人面像有关的称呼。卡夫拉法老为什么放弃了狮身人面像的修建？他是在即将完工的时候去世的吗，还是因为什么别的理由呢？狮身人面像尚未完工的原因至今仍是未解之谜。

在狮身人面像建成1000年后的新王国时期（约公元前1539—前1077年），出现了狮身人面像崇拜。当时的法老们把被沙子掩埋的狮身人面像挖了出来，在其周围修建了新的建筑物，并在这里举行加冕仪式。后来为人们所知的巨像建造的风尚就是由此获得灵感并蓬勃发展起来的。

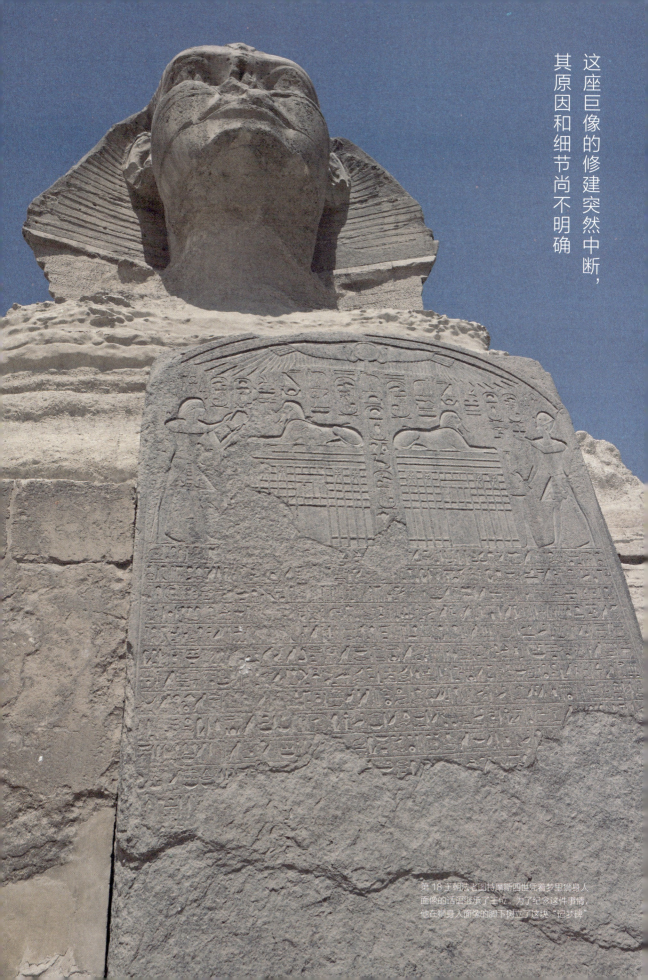

这座巨像的修建突然中断，其原因和细节尚不明确

第18王朝法老图特摩斯四世凭着梦里狮身人面像的话语继承了王位。为了纪念这件事情，他在狮身人面像的脚下树立了这块"记梦碑"

埃及篇 V4-6

冥界之神奥西里斯与金字塔

卡夫拉法老的金字塔与他的父亲胡夫法老的相比，结构出乎意料的简单。虽说如此，但包括这件事情在内，还有许多事情尚不清楚原因。

与胡夫金字塔内部的复杂结构相比，卡夫拉法老的金字塔就像他的祖父斯尼夫鲁法老的金字塔一样简单。然而，需要注意的是，卡夫拉金字塔有两个入口：从地面挖到金字塔内部的"下层入口"、位于金字塔基底以上 11.5 米处的"上层入口"。这两个入口对应着延伸至金字塔内部的"下层下降通道"和"上层下降通道"，它们在中途汇聚成一条"水平走廊"，通往法老墓室。

上层通道由红色的花岗岩铺设而成，下层通道则由石灰岩砌成。这两条通道可能代表着上埃及与下埃及，因为白色与红色分别是上埃及与下埃及的象征。也有可能如刻在第五王朝金字塔内部的金字塔铭文中提到的那样，意在让逝去法老的"巴"（灵魂）从一侧通道进入墓室，与作为冥王奥西里斯的法老木乃伊相结合，成为被祝福的

卡夫拉金字塔的内部，安置着棺材的墓室

存在——阿库，然后从另一条通道前往北极星。有意思的是，根据近几年的调查，在斯尼夫鲁法老与胡夫法老的金字塔里可能也设置有两处入口。

从下层下降通道前往水平走廊途中的右侧，有一间纵深 10.41 米、宽 3.12 米的"副室"。这间副室内部非常简单，没有壁龛也没有通风孔，只有一块三角形的悬山式屋顶，但研究者认为这里曾经摆放着法老的雕像或者陪葬品。

最深处的法老墓室建在地上与地下的交界线上。屋顶部分在地面以上，采用了悬山式构造以分散重量。其余部分是往下挖出来的，在地面以下。如果说墓室的位置也有宗教上的意义的话，设置在地上、地下交界处的墓室就好像设置在了太阳神拉与冥界之神奥西里斯各自领域的交界处上。

墓室纵深 14.15 米、宽 5 米、高 6.83 米。在南侧的墙壁上有一行用意大利语写下的涂鸦——"1818 年 3 月 2 日由 G.Belzoni 发现"。但是这行字可能是出于泄愤心理写下的，因为在意大利人进入金字塔内部的时候，金字塔里的木乃伊和宝藏早已被古代的盗墓者夺走了。

墓室里只剩下一具花岗岩制的棺材和断成两截的棺材盖，摆放在西面最深处。这里本来铺着一层厚厚的石头，卡夫拉法老的石棺就埋在这里。地面有方形的孔洞，用来保存内脏的卡诺匹斯罐（Canopic jar）就放置在这里，这样的场所还是第一次在金字塔内部出现。从地表挖入内部的入口、设置在地面以下的墓室、嵌入地下的石棺与卡诺匹斯罐，这些特征是否都和这一时代兴起的冥界之神奥西里斯崇拜有关呢？

上图：卡夫拉法老的棺材
下图：下层下降通道

安置在下层下降通道上的红色花岗岩盖子

5 孟卡拉金字塔

埃及篇 v 5-1　三大金字塔的完成

与胡夫金字塔、卡夫拉金字塔并称为"三大金字塔"的孟卡拉金字塔，在三者之中尺寸最小。这背后的原因与修建场所有关。

卡夫拉法老的儿子孟卡拉法老延续了吉萨的王墓修建，其原因之一可能是吉萨已经有了包括金字塔聚落、港口和交通运输路线在内的社会经济基础，可以把力量集中在金字塔复合体本身的修建上。与先王们相比，孟卡拉法老的金字塔规模很小。它高 65 米、底边长 105.5 米，底面积只有胡夫金字塔的 1/4，石块的总重量更是只有胡夫金字塔的 1/10 左右。孟卡拉金字塔为什么建成了这样的大小呢？

吉萨高原大部分属于莫卡塔姆层，这一岩层沉积于始新世，由浅海相石灰岩构成。岩层东西长约 2.2 千米、南北宽约 1.1 千米。吉萨高原上大部分建筑物的建筑材料都从这一地层开采而来，金字塔本身也建在这块坚固的石灰岩高原上。然而，在修建了胡夫金字塔、卡夫拉金字塔这两座庞然大物之后，剩下的金字塔修建地就只有西南边的角落了。

可能正是狭小的空间限制了孟卡拉金字塔的大小。吉萨高原从此处开始缓缓向南倾斜，即便如此，为了将金字塔尽可能修建得大些，孟卡拉法老的建设者们在东南边的低坡上用 5—20 吨的石灰岩巨石打起了地基。此外，和胡夫金字塔与卡夫拉金字塔一样，他们还把隆起的岩层作为金字塔底层的一部分以节省建筑材料。

虽然有土地的限制，但凭借完备的基础设施，孟卡拉金字塔与胡夫金字塔、卡夫拉金字塔并列在一起了，在吉萨高原上创造出了一个新的景观。并列着的三座金字塔如同在地面重现了参宿三星，是一个和父王卡夫拉法老的"阿克特的奇观"一样宏伟的计划。

后来，参宿三星被称为"萨赫"（Sah），并被视为冥界之神奥西里斯。因此，这一景象也可以称作"萨赫的奇观"。卡夫拉金字塔有"奈切鲁·孟卡拉（Netjeri Menkaure）"的古名，意为"孟卡拉是神圣的"。也许，这正意味着这座金字塔的修建展现了这样一幅神圣的景象。直至 4500 年后的今天，吉萨三大金字塔的壮丽景象依然魅力不减，令人着迷。

上图：三大金字塔坐镇于吉萨高原，这个工程和"阿克特的奇观"一样，是一个宏大的计划
下图：在风沙中若隐若现的吉萨三大金字塔

金字塔与垃圾山

埃及篇 >5-2

生活在金字塔聚落的人们所丢弃的废物，在日本被称为贝冢。在那里发现的宝贵资料，讲述着当时的故事。

在沉积物中有时甚至可以找到宝贵的文字资料

被称为"陶器之丘"的垃圾场。虽说是"垃圾"，但在这里发现了宝贵的生活痕迹

在孟卡拉法老统治时期，人们继续在金字塔聚落生活着。聚落在不断发展，但有的地方也被不断遗弃，也就有了垃圾堆积成山的地方。

垃圾山是考古学家们的宝山。那里是情报的宝库，讲述着参与修建金字塔的人们的生活。在这座聚落发现的金字塔时代的垃圾堆有"陶器之丘"的名字。顾名思义，这里堆满了陶器碎片，其中竟然60%都是啤酒罐。这些罐子高30厘米—37厘米，做工粗糙，呈细长的蛋形。在古代，啤酒是一种有较高营养价值的饮料，同时酒精含量较低，看来古埃及人似乎是一边喝着啤酒，一边建起了金字塔。

这里还发现了大量的动物骨骸。有趣的是，这里发现的仔牛骨骸只有不到10处，而且没有一头是两岁以上的。另外，还发现了大量野生动物的骨头，包括瞪羚、狷羚、剑铃和旋角羚的。这些动物可能都是狩猎得来的野味。

此外，这里还发现了大量的"封泥"。这是一种泥质密封剂，相当于今天用来密封高级信函和葡萄酒的蜡。在古埃及，莎草纸文件、盒子和陶器都需要用封泥封上，并在上面记上法老的名字、主人的头衔或者内容物品的产地。封泥会在打开的时候被破坏，变成垃圾，但它们同时也保存着宝贵的文字资料，是非常重要的考古文物。考虑到这些封泥的沉积状况，可以推测，当法老王位从卡夫拉法老传到孟卡拉法老手上时，有大量的物资运到了这座聚落里。

孟卡拉法老时代留下来的碑文记载着"法老希望没有人会被强迫工作，大家都能心甘情愿地工作"。金字塔的修建并不像人们曾经认为的那样，是被强加给奴隶的，而是一项靠着丰富的食物配给、合理的组织体系，以及工人们的热情（为了作为神明的法老王）支撑的国家工程。某种意义上，正是这些古代垃圾，以一种不加掩饰的方式为我们从侧面讲述了这一事实。

在陶器之丘发现的封泥

"西部城镇"的房屋遗址。"陶器之丘"就位于这座宅邸的旁边

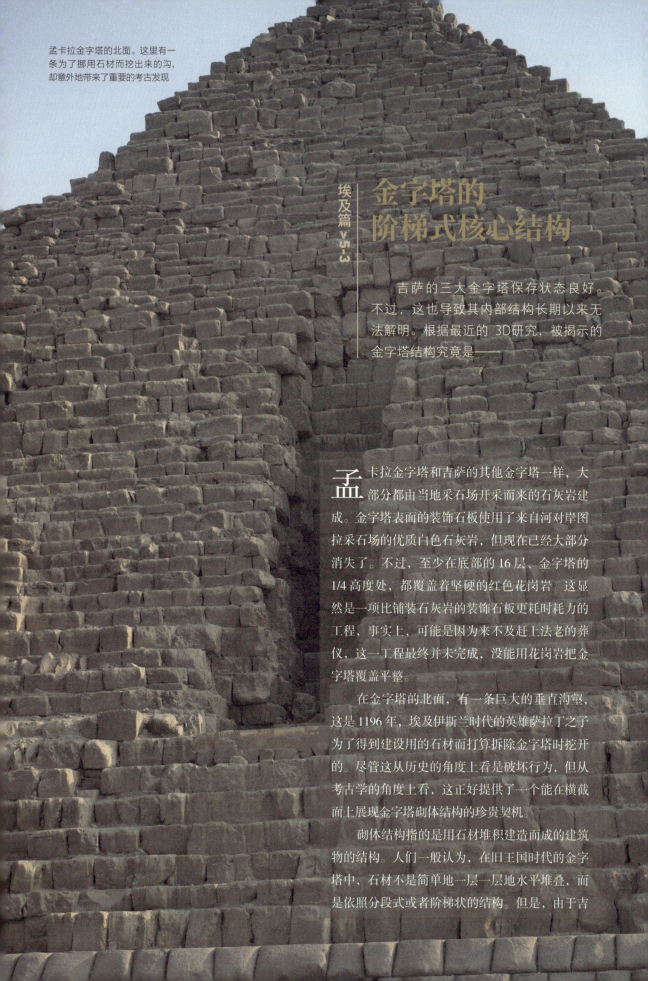

孟卡拉金字塔的北面。这里有一条为了挪用石材而挖出来的沟，却意外地带来了重要的考古发现

埃及篇 ▼5-3

金字塔的阶梯式核心结构

吉萨的三大金字塔保存状态良好。不过，这也导致其内部结构长期以来无法解明。根据最近的 3D研究，被揭示的金字塔结构究竟是——

孟卡拉金字塔和吉萨的其他金字塔一样，大部分都由当地采石场开采而来的石灰岩建成。金字塔表面的装饰石板使用了来自河对岸图拉采石场的优质白色石灰岩，但现在已经大部分消失了。不过，至少在底部的 16层、金字塔的 1/4 高度处，都覆盖着坚硬的红色花岗岩。这显然是一项比铺装石灰岩的装饰石板更耗时耗力的工程，事实上，可能是因为来不及赶上法老的葬仪，这一工程最终并未完成，没能用花岗岩把金字塔覆盖平整。

在金字塔的北面，有一条巨大的垂直沟壑，这是 1196 年，埃及伊斯兰时代的英雄萨拉丁之子为了得到建设用的石材而打算拆除金字塔时挖开的。尽管这从历史的角度上看是破坏行为，但从考古学的角度上看，这正好提供了一个能在横截面上展现金字塔砌体结构的珍贵契机。

砌体结构指的是用石材堆积建造而成的建筑物的结构。人们一般认为，在旧王国时代的金字塔中，石材不是简单地一层一层地水平堆叠，而是依照分段式或者阶梯状的结构。但是，由于吉

在最新的3D建模中解明的内部结构

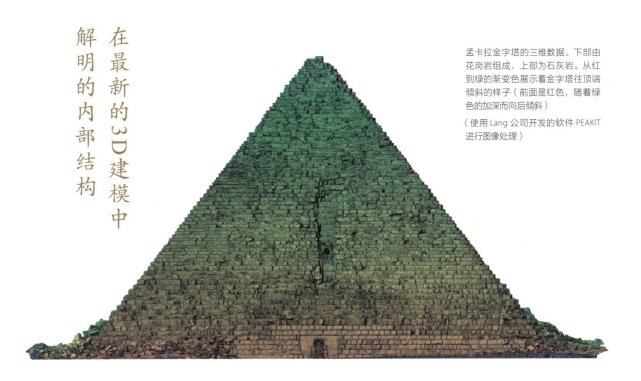

孟卡拉金字塔的三维数据。下部由花岗岩组成,上部为石灰岩。从红到绿的渐变色展示着金字塔往顶端倾斜的样子(前面是红色,随着绿色的加深而向后倾斜)

(使用 Lang 公司开发的软件 PEAKIT 进行图像处理)

萨的三大金字塔保存得极为完好,其内部结构无法为人们所知。

然而,根据我们近几年在孟卡拉金字塔北面沟壑进行的 3D 建模,这座金字塔的内部有一个坡度约为 74 度的核心结构。这与斯尼夫鲁法老修建的美杜姆金字塔类似,因为美杜姆金字塔暴露在外的阶梯式核心结构与此相同。

孟卡拉金字塔的坡度为 51 度 20 分 25 秒,这同样与美杜姆金字塔、胡夫金字塔几乎相同。孟菲斯地区现存的 80 多座金字塔坡度各异,在 42—57 度之间,但是古埃及人并不是在修建金字塔时就在考虑角度的问题。事实上,他们甚至没有角度的概念,只用"塞克德"(Seked)来描述倾斜度,而这一概念只与水平长度和垂直长度有关。换句话说,51.5 度的坡度不是目的,而是金字塔内部砌体结构的水平长度与垂直长度自然产生的结果。这也就意味着,胡夫金字塔的内部也和孟卡拉金字塔、美杜姆金字塔一样,有一个坡度约为 74 度的核心结构。

把孟卡拉金字塔和美杜姆金字塔重叠在一起的示意图。可以清楚看到倾斜角度和形状的差别

(Yasumasa Ichikawa/World Scan Project 制图)

覆盖外墙的装饰石板,由花岗岩制成

宫殿里装饰有立面的房间

沉入海底的法老之棺

埃及篇 >5-4

　　孟卡拉金字塔内部采用了许多独特的构造。本节将介绍其中的一些细节。

左上图：19 世纪时的墓室情况。此时，孟卡拉法老的石棺还保留于此。后来，在运往英国的过程中，随着比阿特丽斯号的沉没而消失在了海底
右上图：墓室内部现在的样子
左下图：副室。存放着陪葬品
右下图：上层通道。中途被巨大的石块堵住了

孟卡拉金字塔的内部与胡夫金字塔、卡夫拉金字塔不同。虽然同样有一个用来与拱极星相结合的北面入口，以及一个用来安置法老木乃伊的墓室，但孟卡拉金字塔还引入了一些前所未见的建筑元素。

从覆盖着花岗岩的入口处起，经过一条约 31 米长的"下降通道"，就到了一间墙壁上雕刻着皇宫立面的房间。这是自左塞尔王的阶梯金字塔以来，金字塔里第一个有装饰的房间。所谓皇宫立面，正如字面意义所指的那样，指的是模仿皇宫设计的装饰，从早王朝时期开始就装饰在各个地方。而这里的装饰正象征着金字塔就是法老死后的永久居所。

从这里经过"水平通道"，就到了一间东西方向横亘着的"前厅"。考虑到先王们金字塔的墓室位置和方向，这里很可能最开始就是打算作

/069/

孟卡拉金字塔内部

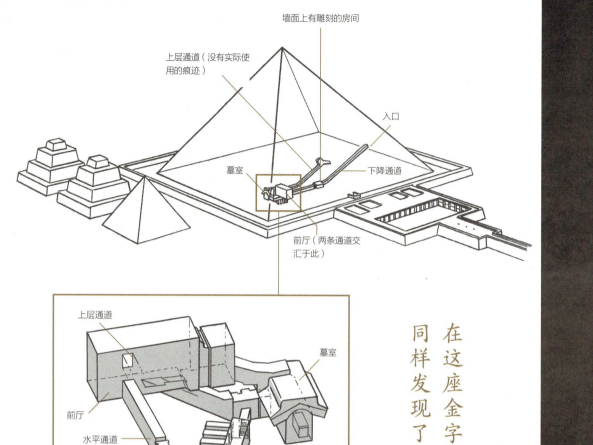

在金字塔内，发现了一些被认为是孟卡拉法老之后年代的遗物。以此推断，金字塔在后来被重新用作别的用途，但具体情况并不清楚（改编自 Lehner, M 1997, p134-135）

在这座金字塔里，同样发现了两条通道

为墓室使用的。值得注意的是，这座金字塔也和卡夫拉金字塔一样，有两条通道从北面延伸进来（或者说从前厅伸向北方），并在这个前厅里汇合。另一条通道位于水平通道入口的正上方。考虑到这条通道的高度，很难想象它能真正被人类使用，而且也没有与外界相连接。更加不可思议的是，这条通道的中途还用石块堵住了。一些研究者推测，这座金字塔最初的修建计划正是使用这条通道，建造一座更为小型的金字塔。

这个前厅另有两条通道，向北往下深挖，各自连接到墓室里。上面的通道连接着墓室的屋顶，通过下面的通道则能进入墓室。下层通道的中途，还设置了一个有着6个小坑的房间。为法老的"卡"（生命力）献上的祭品可能就摆放在这里。

孟卡拉法老的墓室也和胡夫法老的一样，由花岗岩建成。但不同的是，这间墓室朝向为

前厅。与卡夫拉金字塔一样,有两条通往这个房间的通道

南北方向,而不是以前的东西方向。孟卡拉法老的石棺发现于19世纪,但在运往英国的途中因船只比阿特丽斯号(Beatrice)的沉没而消失在了地中海里。根据现存的记录,石棺上同样有皇宫立面的装饰,朝南北方向放置在墓室的西墙边。这是因为这个时代的木乃伊不是面朝上摆放着的,而是朝东侧身摆放的,这样就能让木乃伊看到从东方升起的太阳。石棺里还有一具木棺,上面刻着孟卡拉法老的名字,这具木棺目前收藏在大英博物馆。不过据分析,木棺的样式风格属于埃及塞易斯王朝(约公元前664—前525年)。此外,在墓室的屋顶上还发现了人类的骨骸和绷带,但是根据放射性碳定年法的测定,它们属于埃及的罗马及拜占庭时代。在这些时期里,金字塔很可能被以某种形式重新使用了。

成为住所的金字塔神庙

埃及篇 > 5-5

孟卡拉法老的金字塔复合体，以未完成的状态搁置到了现在。由于各种原因，在这座建筑群的许多地方，考古调查都无法推进，但部分区域迄今为止的历史已经明了。

在孟卡拉金字塔附近，曾有一个港口。但这片区域现在变成了一片墓地，无法进行考古发掘

孟卡拉法老的金字塔复合体没有建成，这可能是因为法老的意外死亡。在这里，没有发现港口，也没能对包括河岸神庙东侧在内的区域进行调查，因为这里现在已经有了一片穆斯林的公墓。不过，美国考古学家乔治·赖斯纳（George Reisner）对河岸神庙的大部分区域都进行了精密的考古发掘，其独特的历史变迁也变得明朗起来。

河岸神庙是葬仪行列停止的地方，一般认为法老的遗体会在这里进行处理，并放置一段时间。孟卡拉法老的河岸神庙与卡夫拉法老的不同，它的入口只有一处，并且有一个宽阔的露天庭院。最深处的至圣所通常被认为是放置法老木乃伊的场所，而在它附近的走廊里，发现了一些能代表古王国时代的雕塑作品。这些雕塑由黑色杂砂岩打磨而成，雕刻出了孟卡拉法老和爱与美之女神哈托尔（Hathor），以及埃及各州的守护神等神祇的样子。法老的雕像看起来肌肉发达、细腻柔韧又隐含着潜在的力量，女神则肩膀窄小、身材苗条，表现着古埃及人理想中的女性形象。虽然雕塑本身非常精美，但是一些雕像脚下本应刻着的圣书体文字缺失了，其中一些还有打磨过的痕迹。

孟卡拉法老与两位女神（哈托尔、芭特）的雕像

"神圣的贫民窟"被发现时的样子。未建成的神庙被当作住所使用，为了使之更加实用，还用一些墙壁对其进行了隔断

或许，这也暗示着孟卡拉法老的意外死亡。

继任的谢普塞斯卡弗法老用石膏和泥砖完成了这座神庙的修建。但是，大约在第五王朝末期至第六王朝期间，沙漠迎来了一场瓢泼大雨，至圣所和摆列供物的房间都被毁坏了，这座河岸神庙也因此被弃用。不过有趣的是，在第六王朝末期，奈姆蒂姆萨夫法老和佩皮二世统治的时代，这座神庙竟然被重新用作住宅，甚至变得拥挤不堪。因此，这里也被称为"神圣的贫民窟"。

神道同样也没有完工。据估计，如果修建完成，这条笔直的神道的长度将达到608米。但是，它既没有连到河岸神庙与葬祭神庙，也不像胡夫法老和卡夫拉法老的神道那样拥有装饰过的墙壁。孟卡拉法老的葬仪行列是否就从这条没有屋顶的、尚未完工的神道中经过呢？

葬祭神庙使用了重200吨以上的石灰岩来建造核心部分，这是在吉萨使用过的最重的石灰岩。在此基础上，孟卡拉法老还打算用阿斯旺产的花岗岩覆盖神庙整体，但这个宏伟的建筑工程同样有始无终。最后，谢普塞斯卡弗法老用石膏和泥砖修完了这座葬祭神庙。

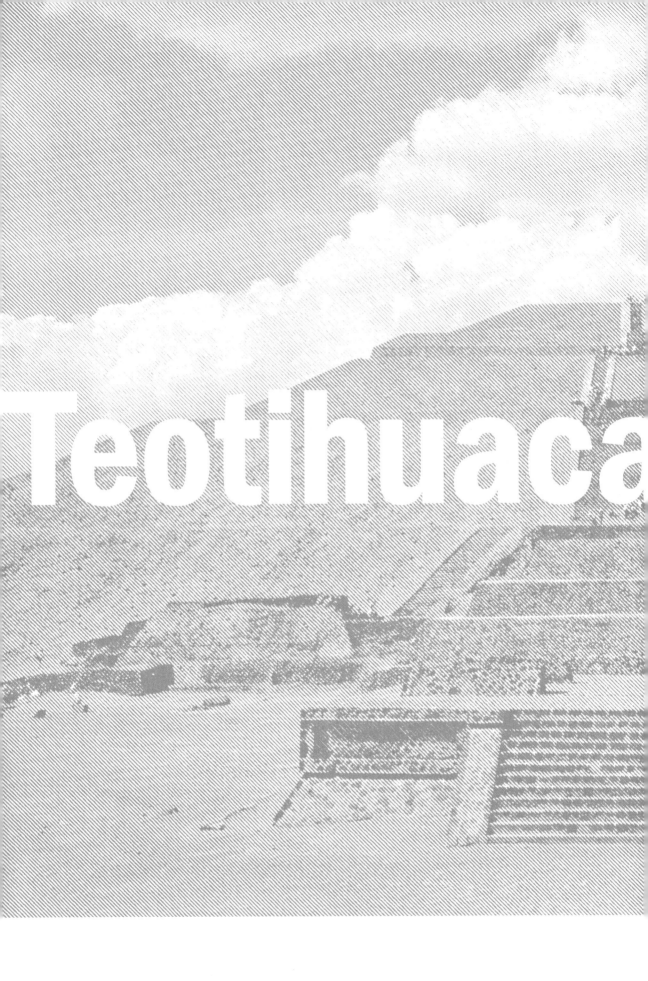

特奥蒂瓦坎篇

直到公元7世纪左右,美洲中部地区还存在特大城市。特奥蒂瓦坎正是当时美洲大陆规模最大的城市,它的中心有3座巨大的石建筑:太阳金字塔、月亮金字塔和羽蛇神庙。

著/佐藤悦夫

1 城市建设

计划都市——特奥蒂瓦坎

特奥蒂瓦坎篇

公元前2世纪，在这个距今遥远的上古时代，一座极尽奢华的城市正在美洲大陆上建设着。这座城市的中心正是"月亮金字塔"。

特奥蒂瓦坎遗址的
城市全域地图
(改编自 Millon 1973)

具有独特样式的城市建筑群

从月亮金字塔放眼眺望月亮广场和向南延伸的亡灵大道。亡灵大道的东侧可以看到太阳金字塔

神庙墙壁的横截面，采用了塔鲁 - 塔布列罗（Talud-Tablero）样式。这种样式的特征是倾斜壁面与垂直壁面结合（改编自 Schele, Linda and David Fredel 1990）

都市中心部

亡灵大道从月亮金字塔的南侧延伸出来。亡灵大道以东修建着太阳金字塔和城塞。城塞中央修建着羽蛇神庙

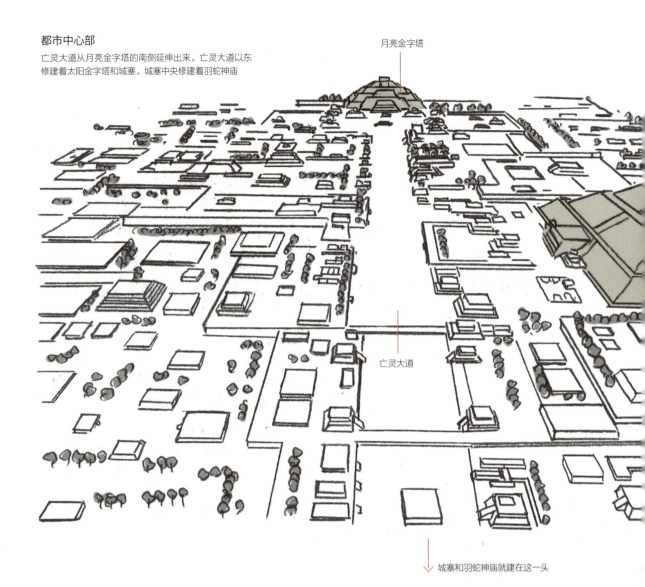

月亮金字塔

亡灵大道

↓ 城塞和羽蛇神庙就建在这一头

> 塔鲁－塔布列罗样式的神庙并列在……亡灵大道之上

特奥蒂瓦坎遗址位于墨西哥盆地,海拔约2300米。这座美洲大陆最大的城邦从公元前2世纪繁荣兴盛至公元7世纪。特奥蒂瓦坎的城市建设经过了十分精心的设计和规划,一般认为,这些建设是在公元1—150年间进行的(注:最新研究认为应该在公元150—200年左右)。

城市规划的中轴线是一条被称为"亡灵大道"的街道。这条街道宽45米、长约4千米,以月亮金字塔(152—156米、高45米)为起点,贯穿城市中心并向南延伸。这座城市的南北中轴

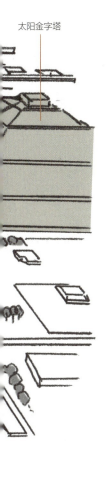

上图：画在羽毛贝壳神庙（Templo De Los Caracoles Emplumados）东侧的塔布列罗上的鸟。鸟的长度是 74 厘米

左图：在亡灵大道旁可以看到以水为元素的装饰图案和美洲狮壁画

线并非朝向正南正北，这是为了让修建在月亮金字塔顶的神庙能与金字塔背后耸立的圣山塞罗戈多山（Cerro Gordo）山顶相重合而故意设计的。这表明，月亮金字塔与这里的盆地地形相协调，并且，这个位置在城市形成之初就有着重要的意义（杉山，2000）。此外，太阳金字塔是这座城市中最大的建筑物，而羽蛇神庙则修建在城市南北轴线与东西轴线的交叉点处。

在"亡灵大道"两旁，修建着 20 多座神庙。它们的共同特点是，都采用了垂直壁面与倾斜壁面相组合的建筑样式，这种样式被称为塔鲁 – 塔布列罗（Talud-Tablero）。在部分塔布列罗（即垂直壁面）上有动物壁画等装饰。

根据最近的调查，在太阳金字塔对面的圆柱广场区域，发现了一些玛雅样式的陶器和壁画，可以推测，这里曾经居住过一些玛雅的上层阶级（Sugiyama N et al., 2000）。特奥蒂瓦坎在当时是一座国际性的大都市，吸引了来自美洲中部各地的人们。

2 / 月亮金字塔

特奥蒂瓦坎篇 V2

经过 6 次增改建才最终完工

被认为是特奥蒂瓦坎城市建设中心的"月亮金字塔"仍有许多未解之谜。不过，随着进一步的调查研究，我们知道了它曾经经过数次增改建。

20 世纪 60 年代，墨西哥国家文物总局对整个月亮广场、月亮金字塔的正面和侧面的一部分，以及被称为阿都萨达（Adosada）的附属台基的表面进行过全面的发掘和修复工作。作为这些研究工作的结果，月亮金字塔被列为特拉米米罗尔巴（Tlamimilolpa）时代前期（公元 200—300 年）的建筑物。然而，这些研究没有对月亮金字塔内部结构进行调查，也没弄清楚它究竟是一次性建成的，还是经过多次增改建之后才形成的（杉山，2000）。为了解决类似的问题，并最终解明特奥蒂瓦坎都市起源的谜团，1998 年，爱知大学的杉山三郎教授和墨西哥国家文物总局的鲁文·卡夫雷拉（Ruben Cabrera）共同主持的月亮金字塔考古项目启动了。

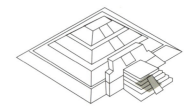

建筑物 1：每边长约 24 米。建于公元 1—100 年左右

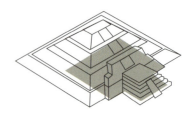

建筑物 5：出现了一种新的建筑样式，在金字塔主体的正面增加了一个叫阿都萨达的附属结构。金字塔主体边长为 90 米，建于公元 200—350 年左右

有"众神之城"称号的特奥蒂瓦坎遗迹。图中右侧建筑就是月亮金字塔

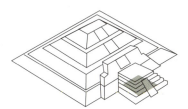

建筑物2：覆盖结构1，边长扩建至约30米长。建于公元100—150年左右

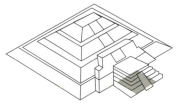

建筑物3：覆盖结构2，边长扩建至约31米长。建于公元150—200年左右

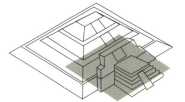

建筑物4：覆盖结构3，边长大幅扩建至约90米长。建于公元150—200年左右

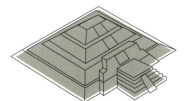

建筑物6：覆盖结构5，边长扩建至约143米长。建于公元200—350年左右

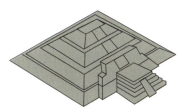

建筑物7：现在的月亮金字塔（主体边长为152—156米，高为45米）

※ 月亮金字塔和太阳金字塔的起源。记录阿兹特克神话的西班牙民族志学者德萨阿贡，在他的作品《佛罗伦萨手抄本》里写道："两位神明在特奥蒂瓦坎跳入火中，化身为太阳与月亮。"由此可见，这两座金字塔可以追溯到阿兹特克时代，在月亮金字塔和太阳金字塔也分别出土了与"水之神"和"火"有关的石雕

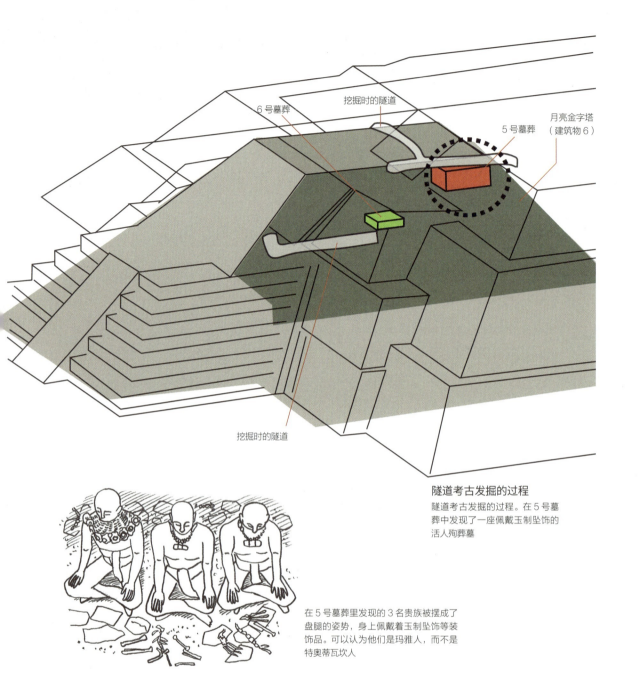

隧道考古发掘的过程
隧道考古发掘的过程。在5号墓葬中发现了一座佩戴玉制坠饰的活人殉葬墓

在5号墓葬里发现的3名贵族被摆成了盘腿的姿势,身上佩戴着玉制坠饰等装饰品。可以认为他们是玛雅人,而不是特奥蒂瓦坎人

月亮金字塔和周围建筑物里出土了什么呢?

月亮金字塔的研究工作包括通过挖入金字塔主体的隧道进行的考古发掘,以及对金字塔的周边建筑物——月亮广场进行的考古发掘。根据挖入月亮金字塔内部的隧道调查,发现这座建筑物总共经过了6次增改建。

在月亮金字塔内部还发现了伴随着每次增改建而修建的活人殉葬墓。伴随建筑物4修建的2号墓葬中,发现了一具双手被绑在身后的尸骨,以及大量陪葬品和陪葬动物。出土的陪葬品中包括陶器、玉器、耳饰、珠子、人像、黑曜石制品(镞、仪式小刀、石刀、人像)、贝制品、黄铁镜等,种类非常丰富。陪葬动物则包括美洲豹、美洲狮、狼、蛇、雕和鸮,这些动物在特奥蒂瓦坎的绘画中象征王权与战士。此外,在建筑物4的顶部结构的地板下发现了6号墓葬,这里除出土了一些

挖入建筑物内部的隧道，宽约 1 米、高约 2 米

上图：特奥蒂瓦坎的殉葬者身上佩戴着的玉石项链。与玛雅皇室佩戴的装饰品为同一样式

下图：从挖掘出的土壤中收集陶器、石器和骨头等遗物

殉葬者身上佩戴着玉石饰品
这些祭品象征着玛雅国王的身份

陪葬品和陪葬动物之外，还发现了 12 具陪葬者的尸骨，其中有 10 具是无头的（杉山，2000；Sugiyama and López, 2007）。

在伴随建筑物 6 修建的 4 号墓葬中发现了 17 块颅骨，却没有发现这些颅骨配置上的明确规律（Sugiyama and López, 2007）。从性别上看，17 块颅骨中有 15 块属于男性，另外两块则性别不明；从年龄上看，这些颅骨的年龄范围跨度很大，14—50 岁不等（Spence and Perira, 2007）。此外，对颅骨进行的同位素分析还表明了这些颅骨的主人可能来自特奥蒂瓦坎之外的地区（White et al., 2007）。另外，修建在建筑物 6 的顶部结构的地板下的 5 号墓葬里埋葬着 3 名贵族男性，其中一人身上发现了属于玛雅贵族的玉制坠饰。这些重要的发现则暗示了特奥蒂瓦坎与玛雅文明的关系。

3 / 太阳金字塔与地下隧道

特奥蒂瓦坎的最大建筑物

特奥蒂瓦坎篇 v.3

即使在特奥蒂瓦坎的城镇地区,太阳金字塔也是一座尤其巨大的建筑物。它的结构分为 4 层并有地下隧道。

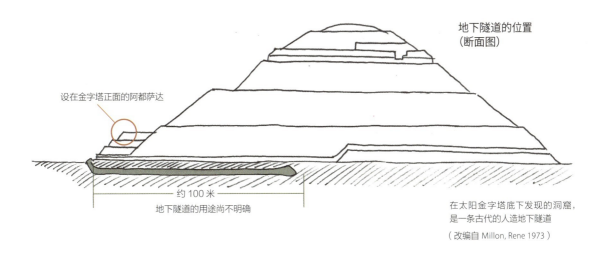

地下隧道的位置
（断面图）

设在金字塔正面的阿都萨达

约 100 米
地下隧道的用途尚不明确

在太阳金字塔底下发现的洞窟，是一条古代的人造地下隧道
（改编自 Millon, Rene 1973）

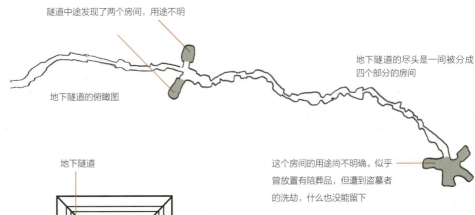

隧道中途发现了两个房间，用途不明

地下隧道的尽头是一间被分成四个部分的房间

地下隧道的俯瞰图

这个房间的用途尚不明确。似乎曾放置有陪葬品，但遭到盗墓者的洗劫，什么也没能留下

地下隧道

地下隧道的位置
（俯视图）
20世纪70年代，人们发现了一条从太阳金字塔的阶梯中央部分伸往内部的地下隧道，其长约 100 米

推断的修建时间因新的研究结果而变动，详细情况尚不明确，但可以知道这座金字塔也经过了增改建

  在沿着"亡灵大道"修建的神庙群中，有一座底边长约 223 米、高约 63 米的巨大纪念性建筑——太阳金字塔。一般认为，这座建筑物修建于公元 1—150 年间，并在公元 150—250 年间进行了增改建，但是，现在正在重新研究它的修建时间。另外，在 20 世纪初，墨西哥考古学家巴特雷斯（Batres）把太阳金字塔复原成了一座 5 层金字塔，但事实上它是一座 4 层金字塔，并不存在被复原的第 4 层。

  在太阳金字塔的地下发现了一条隧道，这条隧道是人造的，使用时期与金字塔的年代相同。

4 羽蛇神庙
（克察尔科亚特尔神庙）

特奥蒂瓦坎篇 ¼

强大王权的出现

这座神庙谜团众多，其历史变迁直到20世纪80年代才逐渐变得明了。它的外观也随着时间的推移而变化，还曾被涂成彩色。

"羽蛇神庙"的外墙完全被浮雕装饰覆盖

这幅壁画上画着一个戴着头饰的人，上方有一条长着羽毛的蛇在运送头饰

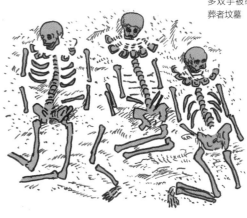

在羽蛇神庙内发现了许多双手被绑在背后的殉葬者坟墓

羽蛇神庙外的塔布列罗上的浮雕装饰，雕刻着贝壳、头饰和羽蛇

19 80年以前，很少有对包括羽蛇神庙（Feathered Serpent Pyramid，简称FSP）在内的城塞（Ciudadela）地区进行的考古发掘。直到墨西哥国家文物总局（INAH）于1980—1982年间进行了一系列的调查研究（Cabrera, Rodríguez, and Morelos 1991）。到了1987年，又有了一个新的国际科考项目（Project Temple de Quetzalcoatl 1988—1989，简称PTQ88-89），进行了一些集中的考古发掘。在这次发掘中，从建筑物的周边和内部出土了25座墓葬，埋有共计137具尸骨以及一些陪葬品。从陪葬品中可以看出各墓主人之间的社会地位差异，还能借此将墓葬分成陪葬品很少的10—15岁青少年组、与之相对的拥有绿色石制陪葬品的权贵组、埋葬有黑曜石制尖状器的男性战士组等组别。根据这里的陪葬品、墓葬形制以及金字塔上的雕刻等特征，可以认为这座充满军事色彩的神庙是作为王权的象征修建的（杉山，2005）。

根据杉山教授的研究，羽蛇神庙经历了三个不同的建筑时期（杉山，1998）。第一个时期为pre-FSP时期，虽然没能获得这一时期的详细建筑信息，但可以认为这时的羽蛇神庙是作为祭祀建筑在使用。第二个时期为羽蛇神庙建成时期，根据放射性碳定年法的测定，神庙建成时约为公元210年。第三个时期则是羽蛇神庙的正面被阿都萨达覆盖住的时期。这标志着宗教上的巨大变化，并且显示了特奥蒂瓦坎从绝对君主制变为集体领导制的可能性。根据放射性碳定年法测定，阿都萨达建成的时间约为公元350年。

羽蛇神庙与太阳金字塔和月亮金字塔不同，它的四面都有石雕装饰，修建的时候还涂上了绿色、红色、蓝色、黄色、白色等颜色。在壁画中，除了长有羽毛的蛇，还发现了圆眼的如同鳄鱼般的动物以及贝壳等图案。这些画面被解释为羽蛇把象征王权的头饰从地下世界运送而来，意在构建修建羽蛇神庙的统治者的王权合法性。

5 集合住宅与人的生活

当时的"都市"是什么样的

特奥蒂瓦坎篇 ∨5

据推测,当时居住在金字塔周围都市区域的人数约为10万人。他们到底过着什么样的生活?

在特奥蒂瓦坎都市中心区域周边20平方千米的范围内，分布着2000座以上的集合住宅。据称，特奥蒂瓦坎鼎盛时期人口约10万。这些集合住宅的内部有几十上百个房间，居民们共享着庭院、走廊和小神庙。居住在这些住宅里的人中，有一些专门生产黑曜石石器、陶器、纺织品等工艺品。此外，在瓦哈卡（Oaxaca）地区，还生活着从墨西哥南部瓦哈卡等地移居而来的人。由此可见，特奥蒂瓦坎如同今天的都市一样，居住着各式各样的民族与职业群体，是一座不折不扣的大都会。

集合住宅的墙上画着许多壁画，尤其在被认为是贵族区的特潘蒂特拉（Tepantitla）住宅区，有被称为"特拉洛克神的天堂（Tlalocan）"的壁画。这些壁画中描绘了蹴球＊、捕捉蝴蝶、祭司往地上播撒种子等场景。此外，在阿特特尔科（Atetelco）住宅区的庭院中有一座采用了塔鲁－塔布列罗样式的小型金字塔，上面有一个如同小

＊蹴球：一种球类运动。不用手，用腰部和腿部触球。得分的方式是使球穿过蹴球场墙壁上被称为"马尔卡多尔"的带孔石环（没有孔的情况下则是使球击中马尔卡多尔）。蹴球不仅是一种休闲活动，更是一种神圣的仪式，比赛结束后会举行献祭仪式

左图：特潘蒂特拉的壁画《特拉洛克神的天堂》，描绘了各种各样的宗教仪式和蹴球比赛

下图：阿特特尔科的庭院里有一个塔鲁－塔布列罗样式的底座，上面设有一个小型的神庙祭坛

型神庙的祭坛。在这座集合住宅的墙壁上还发现了许多壁画,上面画有蛇、郊狼、美洲豹等在特奥蒂瓦坎具有神圣意义的动物。另外,特蒂特拉(Tetitla)住宅区则画着正在吐出红色液体的鹰、被称为"翡翠之神"或"绿色的特拉洛克"的神像等。这幅神像上的神灵头上戴着有鸟类图腾的头饰,脸上戴着绿色的翡翠面具,双手流淌出水一样的东西,并在其中画着动物的头和如人手般的图案。

20世纪90年代,卡夫雷拉对拉·本蒂亚(La Ventilla)住宅区进行了调查。在这里,不仅发现了壁画,还在地板上发现了42个如同文字般的符号。不过,这些符号至今仍未被破译。

特奥蒂瓦坎有大量的壁画。也许,特奥蒂瓦坎人不是用文字,而是用这些壁画来向后人讲述他们的历史、世界观与宗教文化。

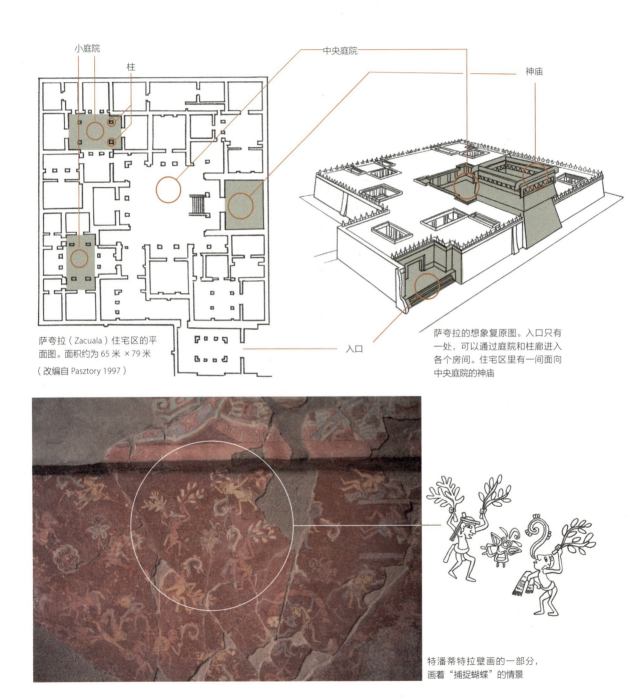

萨夸拉(Zacuala)住宅区的平面图。面积约为65米×79米(改编自 Pasztory 1997)

萨夸拉的想象复原图。入口只有一处,可以通过庭院和柱廊进入各个房间。住宅区里有一间面向中央庭院的神庙

特潘蒂特拉壁画的一部分,画着"捕捉蝴蝶"的情景

一般认为,这些文字被作为记号使用。可以认为相当于现在日本的家纹,但详情不明

在拉·本蒂亚地板上发现的部分特奥蒂瓦坎文字(改编自 Cabrera, 1996)

居住区壁画上的图腾描绘着当时的生活与宗教观

上图:在特蒂特拉发现的壁画,上面画着一只雕,从口中喷出红色的东西。这象征着牺牲

下图:在特蒂特拉发现的翡翠之神神像。他穿着优雅的服装,从摊开的双手里撒下各种各样的东西

/091/

6 都市的发展与衰落

从出土的陶器推断特奥蒂瓦坎的生活

特奥蒂瓦坎篇 ⑥

出土的日用陶器讲述着各个街区的生活。让我们从发现陶器的场所推断城市的生活风貌。

阿特特尔科住宅区，是用来想象当时的人们生活状况的最宝贵遗址之一

帕特拉奇克（Patlachique）时期：公元前150—前1年

考吉尔等人通过分析从遗迹地表采集而来的陶器，对特奥蒂瓦坎盆地的人类活动进行研究（Cowgill, 2015）。在帕特拉奇克时期，这里的人类的居住区域集中在盆地的西北部。而在修建月亮金字塔的盆地中心区域，虽然没能找到帕特拉奇克时期建筑遗迹，但是在天然地基以上，被认为是自然堆积层的56层中发现了这一时期的陶器，这表明此时，这里就已经有了人类活动。

萨库瓦里（Tzacualli）时期：公元1—150年

到了萨库瓦里时期，人类的居住区域扩大了。在太阳金字塔和城塞地区也集中出土了萨库瓦里时期的陶器。一般认为，城市和太阳金字塔的建设也是从这一时期开始的。

然而，对月亮金字塔的研究发现并不支持这种说法。首先，在月亮金字塔各个阶段的结构中，属于这一时期的是建筑物1。而比起一般认为的特奥蒂瓦坎建筑物的东西轴线，建筑物1的轴线东侧向北偏移了3°（杉山，2000）。另外，根据加索拉（Gazzola）的调查报告，这一时期的城塞地区有些早于城塞遗址的建筑物（Pre-Ciudadela），这些建筑物也和月亮金字塔的建筑物1一样，与特奥蒂瓦坎的基本轴线存在微小的偏差。因此，这两处建筑物都是在现在看到的城市建设之前就早已建好的。可以认为，在萨库瓦里时期，特奥蒂瓦坎的中心区域北部是小型的月亮金字塔的建筑物1，南部则在后来的城塞区域有一些早于城塞遗址的建筑物。

太阳金字塔的修建年代可能比过去通常认为的要晚一些。如果这个假设正确，那么在萨库瓦里时期，很可能还没有出现一位有着足够权势、能修建大规模建筑的统治者，这个时期仍然是一个文明渐渐发展、人口逐步增加的时期。

米考特里（Miccaotli）时期：公元150—200年

根据考吉尔的研究，米考特里时期的陶器和萨库瓦里时期一样，遍布整个特奥蒂瓦坎盆地约20平方千米的区域。至于中心区域的建筑，过去一般认为城塞和羽蛇神庙就修建于这一时期。对于这种定论，接下来会用月亮金字塔等地的最新调查数据进行探讨。

首先，在这一时期，月亮金字塔进行了小规模的扩建和改建，在建筑物1的基础上修建

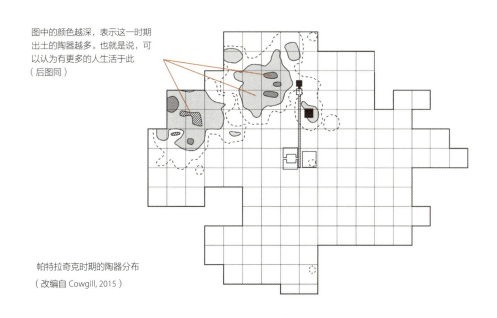

帕特拉奇克时期的陶器分布
（改编自 Cowgill, 2015）

图中的颜色越深，表示这一时期出土的陶器越多。也就是说，可以认为有更多的人生活于此（后图同）

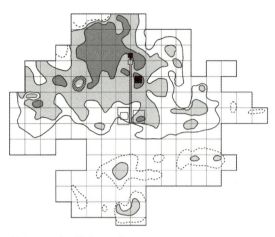

萨库瓦里时期的陶器分布
（改编自 Cowgill, 2015）

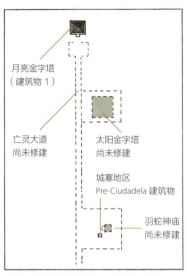

此时，城市还没有建起来，只有两处建筑

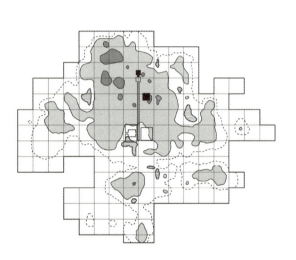

米考特里时期与特拉米米罗尔巴时期的陶器分布
（改编自 Cowgill, 2015）

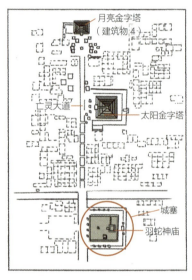

在城市的中央区域，月亮金字塔的建筑物 4、太阳金字塔、羽蛇神庙、亡灵大道修建于米考特里时期。月亮金字塔的建筑物 5、建筑物 6、建筑物 7（见 081 页）以及周边的集合住宅则修建于特拉米米罗尔巴时期

了建筑物 2 与建筑物 3。这些建筑物也在逐渐向特奥蒂瓦坎的基本轴线靠拢。与月亮金字塔的建筑物 2、建筑物 3 处于同一时期的，则是太阳金字塔的建筑物 1 和羽蛇神庙的 Pre-FSP 时期。

接着，月亮金字塔进行了大规模的扩建和改建并修建了建筑物 4。与这一建筑处于同一时期的，是太阳金字塔的主体部分和羽蛇神庙的主体部分。同时，一般认为亡灵大道也是在这一时期建成的。至此，特奥蒂瓦坎的中心区域就基本完成了。这些建筑的规模和多处出现的活人殉葬墓，暗示着此时期存在一位拥有强大权势的人物。

特拉米米罗尔巴（Tlamimilolpa）时期：公元 200—450 年

月亮金字塔的建筑物 5、建筑物 6、建筑物 7 都修建于特拉米米罗尔巴时期。建筑物 5 开创了一种新的建筑样式，和新的月亮金字塔一起修建的还有一座采用了塔鲁-塔布列罗样式的阿都萨达。月亮金字塔此后的改建也都沿袭了这种样式，修建了建筑物 6 和建筑物 7。同时，发现于建筑物 6 时期的 5 号墓葬中，出土了一件玛雅贵族阶层佩戴的玉制坠饰，表明殉葬者中可能有与玛雅文明有关的贵族。

此外，在太阳金字塔和羽蛇神庙那里也修建了阿都萨达。在特奥蒂瓦坎的中心区域，月亮金字塔的建筑物 7 修建完成之后，这 3 座纪念性建筑再也没有进行过任何扩建和改建，而亡灵大道周边的住宅建设则日渐繁盛。

修拉尔潘（Xolalpan）前期：公元 350—550 年[①]

这一时期，在美洲中部的许多地方都可以看到特奥蒂瓦坎的影响。原本只是宗教与商业中心的特奥蒂瓦坎发展成了中部美洲最大的城市。这里不仅居住着来自各个地区的商人，还长期居住着外来移民。据估计，当时特奥蒂瓦坎的人口数约为 10 万。

梅特佩克（Metepec）时期：公元 550—650 年

这是特奥蒂瓦坎衰落的时期。特奥蒂瓦坎中心区域的神庙和宫殿也被摧毁。特奥蒂瓦坎是怎样衰落的，我们不得而知，但是有从特奥蒂瓦坎内部而起的叛乱说和来自外部的侵略说等理论。

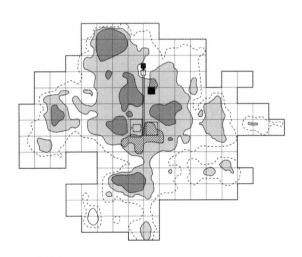

修拉尔潘时期的陶器分布
（改编自 Cowgill, 2015）

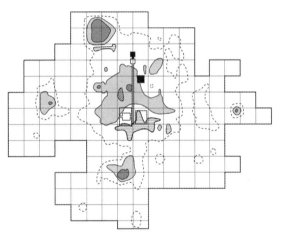

梅特佩克时期的陶器分布
（改编自 Cowgill, 2015）

金字塔的修建与城市样貌的变迁

---

① 此处根据最新年代划分，修拉尔潘时期定义为公元 350—550 年，未采用旧年代划分。——编者注

7 与特奥蒂瓦坎有过交流的遗迹 1

特奥蒂瓦坎篇

阿尔班山遗址（墨西哥）

墨西哥南部的阿尔班山遗址，
到 16 世纪为止一直有人类居住的痕迹，
从这里出土了特奥蒂瓦坎的陶器。
然而，这些交流似乎仅限于上层社会，
而非普通民众。

一般认为，这里不是人们居住、生活的地方，只在举行仪式时使用

手里拿着香炉、头上戴着特奥蒂瓦坎样式的头饰的人物

香炉

人物的头上戴着萨波特克样式的头饰

在阿尔班山遗址出土的陶器，采用了特奥蒂瓦坎的样式（三足圆筒陶器）

上图：山丘被平整出一块南北约 600 米、东西约 250 米的区域，并修建了 20 多座建筑物

下图：在南部的平台上发现的石碑 LISA（ESTELA LISA）。石碑上描绘着与特奥蒂瓦坎进行交流的情景
（Marcus and Flannery, 1996）

建在阿尔班山遗址中央平原上的建筑物。它的墙上嵌着一些石板，上面刻着被献祭俘虏的来源地和样貌

阿尔班山遗址（Monte Alban）位于墨西哥南部的瓦哈卡盆地，这里从公元前500年左右至公元16世纪一直有人类居住。准确来说，阿尔班山遗址位于瓦哈卡盆地中央一座约400米高（从盆地底部算起）的山上。后期研究显示，建造者削平了这座山的山顶。在其最鼎盛的时期——阿尔班山遗址Ⅲ期（公元200—700年），中央广场修建了20多座金字塔。

据推测，在阿尔班山遗址Ⅲa期（公元200—500年），整个瓦哈卡盆地居住着11.5万人，而在阿尔班山遗址城市的1119间住所里，居住着16500人。在盆地的南侧，出现了第二城市——哈列萨（Jalieza）。哈列萨建在一座离盆地底部250米左右的山顶上，城市中修建着20多座公共建筑物。据推测，当时这里的人口为12835人（Marcusand Flannery, 1996；青山、猪俣，1997）。

特奥蒂瓦坎与阿尔班山遗址的交流是否仅限于上层阶级？

在阿尔班山遗址Ⅲa期，阿尔班山与特奥蒂瓦坎之间的交流变得频繁起来。不过，没有证据表明他们之间发生过战争。

特奥蒂瓦坎的使者访问阿尔班山的证据就刻在各种各样的石雕上。在阿尔班山遗址南部平台发现的石碑（Estela Lisa）上，画着一个戴着萨波特克样式头饰的当地上层阶级在迎接戴着特奥蒂瓦坎样式头饰的人。根据这些特奥蒂瓦坎人的服饰，可以推测他们之间是和平的外交关系，因为他们都没有穿战士的服装。

能表明和特奥蒂瓦坎存在交流的证据除了石碑外，还有一些在阿尔班山遗址出土的特奥蒂瓦坎样式的陶器。不过，它们的数量很少，而且只在上层阶级的墓葬和居住处出土，所以这些陶器被认为是上层阶级之间交换的贵重物品，并没有普及到一般民众的手里。此外，在遗迹的中央广场，还发现了采用塔鲁-塔布列罗样式的建筑物，这也是一种具有特奥蒂瓦坎特色的建筑样式。

在特奥蒂瓦坎，还发现了一个瓦哈卡人（萨波特克人）的定居点。这个定居点是一座尺寸为20米×50米的公寓，里面有两座墓葬，墓葬里出土了萨波特克样式的陶器。另一方面，在阿尔班山遗址没有发现可以认为是特奥蒂瓦坎人定居点的住宅区遗址（Marcus and Flannery, 1996；青山、猪俣，1997）。

蒂卡尔遗址（危地马拉）

与特奥蒂瓦坎有过交流的遗迹 2

特奥蒂瓦坎篇 ⑧

危地马拉的古代遗址——蒂卡尔，据说这里曾一度生活着 6 万人。然而特奥蒂瓦坎人的入侵，取代了这里的王。

1 号神庙（高 47 米），建于 26 代王哈萨夫·尚·卡维尔一世（Jasaw Chan K'awiil I，公元 682—734 年在位）统治时期

蒂卡尔遗址位于危地马拉首都危地马拉城东北方向约600千米、佩滕地区的低地热带雨林中。这里从公元前900年左右至公元9世纪一直有人类居住。

根据最新的研究,蒂卡尔王朝建立于公元1世纪左右,它没有像埃尔·米拉多尔(EI Mirador)等佩滕地区的其他城邦那样在前古典期晚期崩溃,而是幸存了下来,并在古典期成了玛雅文化的中心。在公元4世纪左右,蒂卡尔受到特奥蒂瓦坎的影响,在这一地区确立了优势地位。不过到公元6世纪,蒂卡尔逐渐衰弱,在与卡拉科尔(Caracol)的战争中败北,进入了长达130年的黑暗时代。直到公元7世纪末,蒂卡尔开始复兴,并在公元9世纪左右重新在玛雅地区占据了重要地位。蒂卡尔的鼎盛时期在公元8世纪,当时,它是一座拥有6万人口的巨大城市(Martin and Grube, 2002; Martin and Grube, 2000)。

碑文的解读、公元378年的入侵

根据专家对碑文的解读,公元378年1月31日,一个与特奥蒂瓦坎有关的人——名为西雅夫·卡克(Siyaj K'ak')——"抵达"(指征服)了蒂卡尔。在他抵达蒂卡尔的8天前,经过了蒂卡尔以西78千米处的埃尔·佩鲁遗址(EI Perú)。因此,可以认为他是直接从墨西哥高地的特奥蒂瓦坎来到这里的。

左图:31号石碑的正面刻着身穿玛雅样式服装的蒂卡尔第16代王西雅夫·尚·卡维尔二世(Siyah Chan K'awii Ⅱ)

右图:31号石碑的侧面刻着身穿特奥蒂瓦坎样式服装的蒂卡尔第15代王亚修·努恩·艾因一世(Yax Nuun Ayiin Ⅰ)

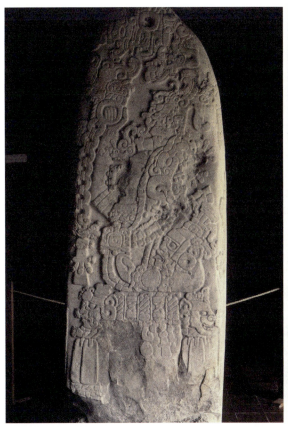

公元 378 年，在西雅夫·卡克"抵达"蒂卡尔之后，当时的统治者查克·托克·伊查亚克一世（Chak Tok Ich'aak I）被谋杀，王位则被与特奥蒂瓦坎统治阶层有关的群体夺走了。许多蒂卡尔的纪念性建筑也毁于这次征服，并成为修建新建筑的地基。另外，在蒂卡尔以北约 20 千米的城邦瓦夏克通（Uaxactun）也发现了特奥蒂瓦坎人入侵的痕迹（Martin and Grube, 2002; Martin and Grube, 2000）。

新秩序的确立

公元 379 年，"掷矛猫头鹰"的儿子亚修·努恩·艾因一世（公元 379—404 年？）成为从属于西雅夫·卡克的蒂卡尔新王。很难确定这些新的统治者究竟是特奥蒂瓦坎人还是当地的玛雅人，但无论如何，当时的佩滕地区都处于特奥蒂瓦坎的统治之下，处于特奥蒂瓦坎人建立的"新秩序"之下。此外，记录中还有一个不同于西雅夫·卡克的人物，被称为"掷矛猫头鹰"。"掷矛猫头鹰"这个名字的写法也显示出他与特奥蒂瓦坎的直接关系，正是一只拿着投枪器的猫头鹰。

> 特奥蒂瓦坎带来了全新的文化

表现特奥蒂瓦坎人访问蒂卡尔的三足圆筒陶器纹饰展开图

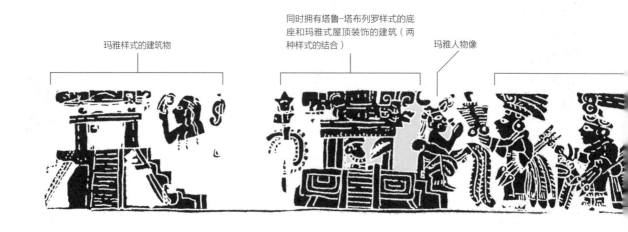

玛雅样式的建筑物　　同时拥有塔鲁-塔布列罗样式的底座和玛雅式屋顶装饰的建筑（两种样式的结合）　　玛雅人物像

右手拿着的头饰上安着一块刻着猫头鹰的奖章

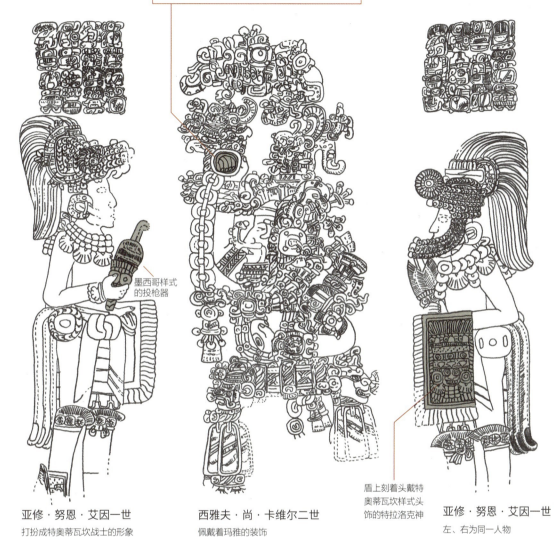

亚修·努恩·艾因一世	西雅夫·尚·卡维尔二世	亚修·努恩·艾因一世
打扮成特奥蒂瓦坎战士的形象	佩戴着玛雅的装饰	左、右为同一人物

墨西哥样式的投枪器

盾上刻着头戴特奥蒂瓦坎样式头饰的特拉洛克神

特奥蒂瓦坎战士

头上戴着特奥蒂瓦坎样式头饰的人物（拿着特奥蒂瓦坎的陶器）

采用了塔鲁-塔布列罗和玛雅样式的建筑物的特奥蒂瓦坎建筑

9 与特奥蒂瓦坎有过交流的遗迹 3

特奥蒂瓦坎篇 9

卡米纳尔胡尤（危地马拉）

繁荣的卡米纳尔胡尤文化，距离特奥蒂瓦坎有一定距离。然而，相同形制的建筑物和陶器，暗示着两者之间具有一定的联系。

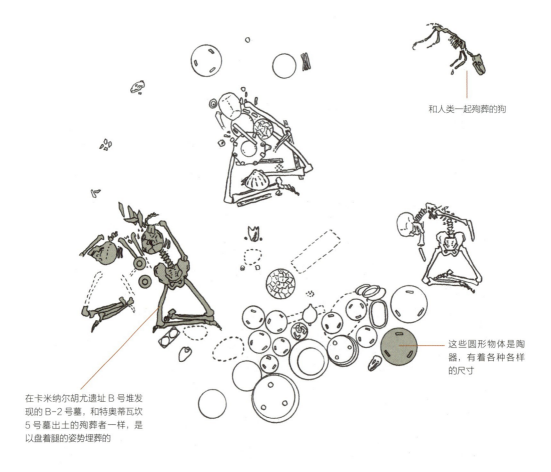

和人类一起殉葬的狗

这些圆形物体是陶器，有着各种各样的尺寸

在卡米纳尔胡尤遗址 B 号堆发现的 B-2 号墓，和特奥蒂瓦坎 5 号墓出土的殉葬者一样，是以盘着腿的姿势埋葬的

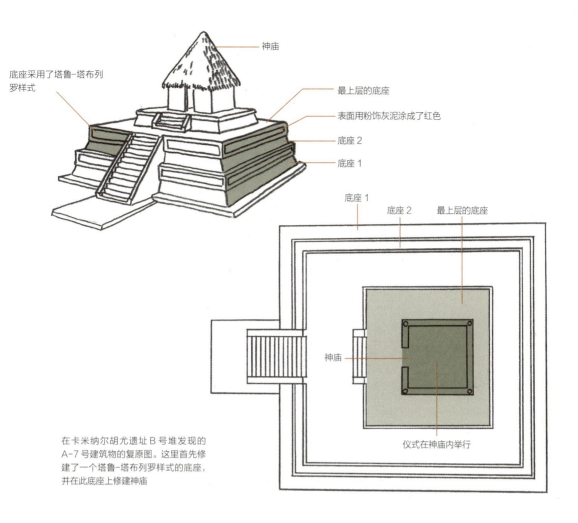

在卡米纳尔胡尤遗址 B 号堆发现的 A-7 号建筑物的复原图。这里首先修建了一个塔鲁-塔布列罗样式的底座，并在此底座上修建神庙

  危地马拉高原上的卡米纳尔胡尤（Kaminaljuyu）遗址，位于现在的危地马拉城西郊，与特奥蒂瓦坎的直线距离约 1300 千米。这个遗址从前古典期中期（公元前 700 年左右）起就有人类居住，并且和周边的伊萨帕（Izapa）文化一样，有着精致的石雕和陶器。在前古典期末期，卡米纳尔胡尤曾一度陷入衰落，但从公元 400 年左右进入了埃斯佩兰萨期（公元 400 年—600 年左右），与特奥蒂瓦坎有了密切的联系，并重新迎来了繁荣。

  在现在遗址公园的 A 号堆、B 号堆等地发现了一些建筑物。建筑物的底座修建成了阶梯金字塔的形状，并采用了特奥蒂瓦坎特有的塔鲁-塔布列罗样式。特奥蒂瓦坎所在的墨西哥高原有着丰富的石材，可用于建筑物的修建。但是在卡米纳尔胡尤很难得到石材，所以以黏土作为主要的建筑材料，并用粉饰灰泥把表面涂成红色。在阶梯式底座的正面建有台阶，台阶的顶层上修建了一座神庙。

  此外，在这些土堆正面的台阶下发现了墓葬，并从中出土了许多特奥蒂瓦坎样式的文物，包括三足圆筒陶器、特拉洛克之壶、橙色薄壁陶器等（Kidder et al., 1946）。

三足圆筒陶器、橙色薄壁陶器、坎德列罗

  与特奥蒂瓦坎有过交流的地区，都发现了三足圆筒陶器。在特奥蒂瓦坎，三足圆筒陶器出现于特拉米米罗尔巴前期（公元 200—300 年），到了特拉米米罗尔巴后期（公元 300—450 年），陶器的足部变成了方形，而到了修拉尔潘前期（公

描绘着一个头戴羽毛头饰的特奥蒂瓦坎贵族（改编自 Kidder et al., 1946）

描绘着坐着的玛雅人（改编自 Kidder et al., 1946）

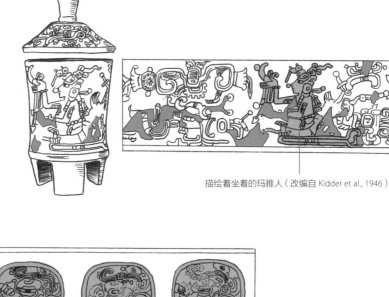

描绘着玛雅众神（改编自 Kidder et al., 1946）

元 350—550 年），足部还采用了塔鲁-塔布列罗的样式。因此，在卡米纳尔胡尤发现的特奥蒂瓦坎样式的陶器，可以认为是特拉米米罗尔巴后期至修拉尔潘前期的文物。

从埃斯佩兰萨期的墓葬里出土的陶器，和作为日用品的陶器有着很大的区别。这些陶器可能是专门为统治阶层制作的，也可能是直接从特奥蒂瓦坎运来的。在这些三足圆筒陶器中，有一部分陶器覆盖着粉饰灰泥，并在其上画着图案。图案描绘了戴着羽毛头饰的特奥蒂瓦坎贵族、坐着的玛雅人，以及玛雅众神等。

橙色薄壁陶器和三足圆筒陶器一样，分布范围广泛。这些陶器产自墨西哥的普埃布拉州，并经由特奥蒂瓦坎流通至整个美洲中部地区。

坎德列罗（Candelero）可以认为是一种便携式香炉，出现于特奥蒂瓦坎的特拉米米罗尔巴期至修拉尔潘期。这种特殊的香炉同样广泛分布在与特奥蒂瓦坎有过交流的地区。

产自墨西哥普埃布拉州的橙色薄壁陶器经由特奥蒂瓦坎来到了卡米纳尔胡尤

（改编自 Kidder et al., 1946）

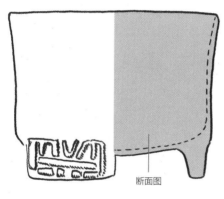 

断面图

特奥蒂瓦坎样式的三足圆筒陶器和坎德列罗，出土于卡米纳尔胡尤的蒙戈伊（Mongoy）地区

（改编自烟草与盐博物馆，1994）

出土于特奥蒂瓦坎的坎德列罗，这是一种便携式香炉，广泛分布在与特奥蒂瓦坎有过交流的地区

（改编自 Cowgill, 2015）

传播至整个中部美洲地区的特奥蒂瓦坎陶器样式

10 与特奥蒂瓦坎有过交流的遗迹 4

特奥蒂瓦坎篇 v.10

科潘（洪都拉斯）

科潘王朝，位于洪都拉斯西北部。这里出土的陶器上绘制的建筑样式表明了其与特奥蒂瓦坎有着密切联系。

发现于科潘遗址 11 号神庙的巨大人头石像

科潘（Copan）遗址位于洪都拉斯的西北部，是玛雅东南区域的主要文明中心之一。遗址所在的科潘盆地海拔在600—1400米，盆地中央流淌着莫塔瓜河的支流——科潘河，其洪泛区面积约为12平方千米。盆地中央是被命名为主群（Main Group）的城市中心部分，周围有建筑密集的埃尔·博斯克（El Bosque）地区和拉斯·瑟普尔图拉斯（Las Sepulturas）地区，整个科潘盆地被发现的建筑物共约3500座。

在科潘遗址的中央部分，北侧是一个广场，南侧则是建筑物集中的卫城。

公元5世纪初，基尼奇·亚什·库克·莫（K'inich Yax K'uk' Mo'）建立了科潘王朝，直到公元9世纪王朝崩溃，科潘共有16代统治者。第16代统治者亚修·帕萨夫·尚·约亚特（Yax Pasaj Chan Yopaat）把16位统治者的形象刻在了一座祭坛上，并在石上雕刻了从初代王那里获得作为王权象征的权杖的场面。至于历代统治者的事迹，包括琳达·谢利（Linda Schele）在内的许多铭刻学者都对其进行了研究，新的解释也在不断呈现（Schele, Linda and David Fredel, 1990; Martin and Grube, 2000）。

科潘王朝的开创者

科潘王朝的开创者是一个叫基尼奇·亚什·库克·莫的人。雕刻在祭坛Q（见P120）上的碑文，是这样描述科潘王朝的建立的：公元426年9月15日，当时还被称为库克·莫·阿哈乌（K'uk' Mo' Ajaw）的初代统治者登上了王位，并在即位153天之后抵达了科潘。也就是说，科潘的初代

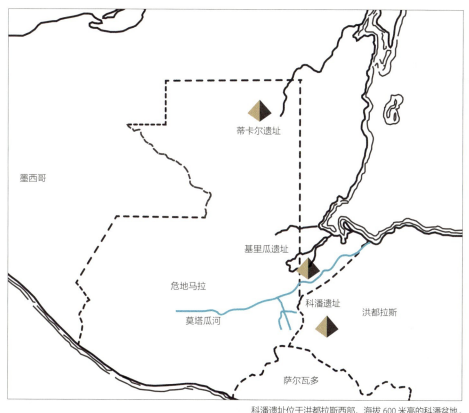

科潘遗址位于洪都拉斯西部、海拔600米高的科潘盆地。盆地中央流淌着莫塔瓜河的支流——科潘河

整个科潘盆地都有建筑物分布。城市中心区域建有许多建筑物和石碑，围绕城市中心的拉斯·瑟普尔图拉斯地区和埃尔·博斯克地区，居住着上层阶级

科潘城市区域

科潘

黑色圆点表示建筑物

统治者是在科潘之外的地方登上王位后才抵达科潘的。

罗伯特·沙勒（Robert Sharer）发掘的16号神庙最初的建造物被称为胡纳尔（Hunal）神庙，是一座采用了塔鲁−塔布列罗样式的建筑物。而且，从用于埋葬王妃的玛格丽特（Margarita）神庙里出土了特奥蒂瓦坎样式的三足圆筒陶器，被称为达兹拉（Dazzler），上面画着塔鲁−塔布列罗样式的神庙。这些证据表明，科潘的初代统治者很可能与墨西哥高原（特奥蒂瓦坎）有关。

公元738年事件

在第13位统治者瓦沙克拉洪·乌巴·卡维尔（Uaxaclajuun Ub'aah K'awiil）统治科潘期间（公元695—738年），科潘王朝正处于稳步发展时期，他还立了许多刻有他自己肖像的石碑。公元738年1月6日，新蹴球场完工。公元738年4月，瓦沙克拉洪·乌巴·卡维尔王被一直附属于科潘的基里瓜（Quiriguá）国王卡克·蒂利乌·尚·约亚特（K'ak' Tiliw Chan Yopaat）俘虏，并在6天之后被"斩首"。谢利将此解释

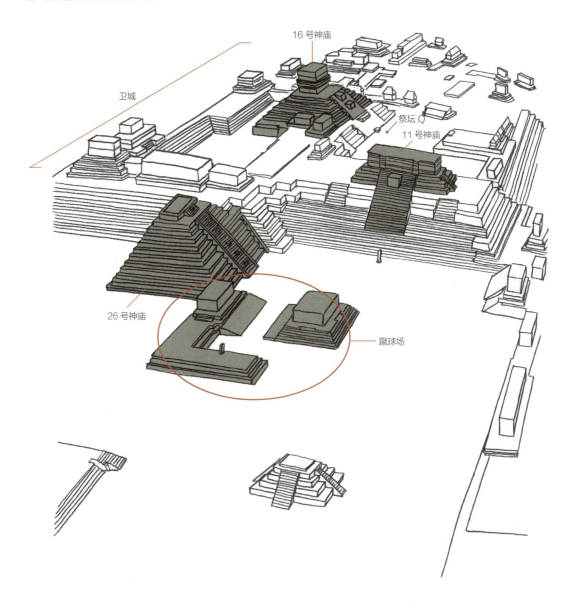

城市中心复原图，北侧是建有许多石碑的广场，南侧是建筑物集中的卫城

为"738年1月6日建成的新蹴球场需要祭品，（第13代王）为此与基里瓜开战，却反而被对方俘虏"。这一事件对科潘来说是不光彩的，直到多年之后才记录在碑文中。在基里瓜的碑文里，第13代王是被"枪与盾"夺去性命的。和基里瓜的碑文不同，在科潘的历史记录中，第13代王不是被处刑而死，而是光荣地死于战场。于是，科潘王朝在最鼎盛的13代王统治时期突然衰落。

科潘的复兴：26号神庙的兴建

科潘第14代王卡克·霍普拉夫·尚·卡维尔（K'ak' Joplaj Chan K'awiil）死于公元749年。之后，他的儿子卡克·伊皮亚夫·尚·卡维尔（K'ak' Yipyaj Chan K'awiil）作为第15代王登上了王位。他致力于科潘的复兴，并对26号神庙进行了改建。26号神庙的楼梯长达21米，上面刻着2200个文字（象形文字的阶梯，Hieroglyphic Stairway）和6位国王的形象。这段楼梯建成于

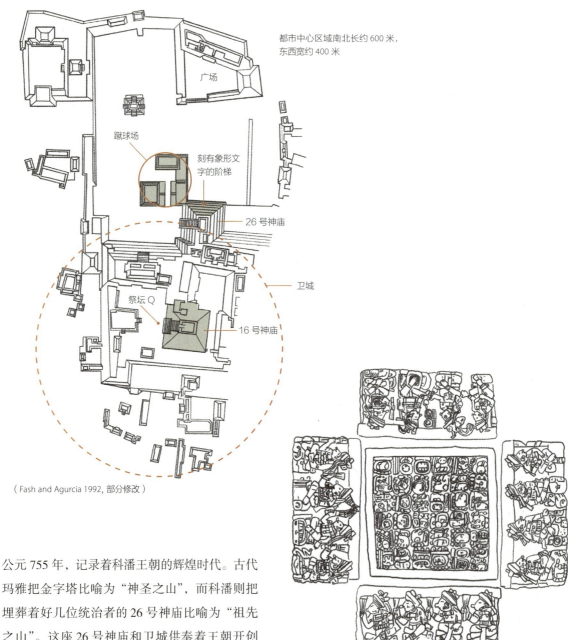

（Fash and Agurcia 1992，部分修改）

公元 776 年，科潘第 16 代王亚修·帕萨夫·尚·约亚特修建了"祭坛 Q"，并在祭坛侧面雕刻了科潘的 16 位统治者

公元 755 年，记录着科潘王朝的辉煌时代。古代玛雅把金字塔比喻为"神圣之山"，而科潘则把埋葬着好几位统治者的 26 号神庙比喻为"祖先之山"。这座 26 号神庙和卫城供奉着王朝开创者的 16 号神庙一起，被视为科潘的两大圣地。

科潘王朝的末日

第 16 代王亚修·帕萨夫·尚·约亚特的结局不得而知。公元 9 世纪，科潘的人口增长导致环境恶化，并因此出现了粮食短缺和疾病流行。第 16 代王死后，试图重建新秩序的是科潘最后的统治者——乌吉托·托克（Ukit Took）。他于公元 822 年登上王位，但统治时期非常短暂。他模仿祭坛 Q 修建了祭坛 L，但是只雕刻了第 16 代王与他自己相向而坐、承认他继承王位合法性的场面。祭坛 L 最终没能建成，被放弃了。

上图：祭坛 Q 上的场景，雕刻着第 16 代王从初代王基尼奇·亚什·库克·莫手里接过象征王位的权杖

中图：科班遗址的蹴球场，建成于公元 738 年

下图：第 16 代王死后，乌吉托·托克王修建的"祭坛L"。祭坛四面只有一面有雕刻的痕迹，其余三面被放弃了

王位继承变迁的痕迹遗留在祭坛的各处

上图：第 13 代王瓦沙克拉洪·乌巴·卡维尔的石碑

下图：第 15 代王卡克·伊皮亚夫·尚·卡维尔修建的象形文字阶梯，使用了 2200 个文字，记录着科潘的昔日荣光

欧洲篇

在欧洲，希腊和意大利两国也有这些四角锥体石建筑——金字塔的遗址。
相较于作为墓葬的埃及金字塔，欧洲金字塔的作用和性质有所不同。

著/佐藤 昇（埃利尼科金字塔）
高桥亮介（塞斯提乌斯金字塔）

1 埃利尼科金字塔

希腊

前代遗留的石建筑是军事设施还是塔楼？

在希腊南部的埃利尼科，有一座古希腊时期的金字塔。这座独特的建筑物与其他金字塔的建造目的不同。

说起古希腊，洁白的希腊神庙可谓众所周知。但如果说到古希腊的"金字塔"，知道的人恐怕寥寥无几。而在希腊西南部伯罗奔尼撒半岛东部的阿尔戈斯平原边缘，就有这么一座冠有"金字塔"之名的建筑物，它就是"埃利尼科金字塔"。

从古希腊的重要城市阿尔戈斯经古道往西南方向行进9千米左右，在现代埃利尼克村旁，这座建筑就安静地矗立在这里。它建在山脚下的原野上，景致别具一格，可以眺望到远处的阿尔戈斯湾。这片区域似乎曾有好几座被称为"金字塔"的建筑物，但在今天还能找到的只有其中的两座。而埃利尼科金字塔正是两座金字塔当中保存状态较好的一座。

这座金字塔的底面是约为14.7米×12.6米的长方形。它的形状不同于埃及的金字塔，规模也很小。它的四面墙壁正如它的通称"金字塔"那样，从下到上以60度向内倾斜。古希腊人用当地产的较大的多角形灰褐色石灰岩巧妙地搭建成了这座金字塔。塔的上部已经崩塌，只剩下地上3.6米左右的高度的残留部分。如果按金字塔形对其进行复原，那么它的高度将达到12.6米左右，与它较短的底边长度相等。但尚不明确它建成时的样子。在它的东南部，有一个敞开的入口，进入入口之后，有一条

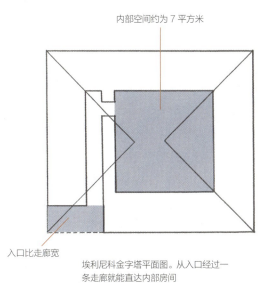

内部空间约为 7 平方米

如果缺失的上半部分也是金字塔形,那么它的高度约 12.6 米

入口比走廊宽

只有下半部分保存了下来,具体形状尚不清楚

埃利尼科金字塔平面图。从入口经过一条走廊就能直达内部房间

埃利尼科金字塔立体图。上半部分的虚线是想象图。从墙壁的角度看,顶端无法汇成一个顶点,不过不清楚它原本究竟是怎样的构造

埃利尼科金字塔全景

塌陷的上部原本是什么形状？

埃利尼科金字塔的入口。墙面由不同形状的多边形石头建成

沿着墙面通往内部的走廊。在走廊的尽头右拐就到了金字塔的中央，这里有一个大约占地 7 平方米的空间。

**同邻国的关系，
与修建目的是否存在关联？**

这座建筑到底建于何时？在 20 世纪 30 年代的一项调查中，根据与周边类似遗址的比较和出土文物的年代测定，推测这座建筑可能建于公元前 4 世纪后半叶。这正是邻近地区国际局势日渐复杂的时期。这时，伯罗奔尼撒半岛的霸主斯巴达昔日的实力正不断遭到削弱，而在北方，马其顿国王腓力二世（亚历山大大帝之父）势力日增，并且开始介入这一地区的事务。占据这里的老牌强国阿尔戈斯与斯巴达长期处于对抗状态，并与许多反斯巴达的国家结成了同盟。阿尔戈斯在腓力二世的援助下开展军事行动，获得了新的领土。

这样的国际形势对埃利尼科金字塔的修建造成了多大影响尚不明确，但有研究者认为金字塔本身就是作为守备部队的哨所而修建的。在金字塔的现存部分中没有发现箭矢的射击孔，

到地面以上3.6米左右的高度还保留着原本的形状，但这之上已经崩塌，金字塔的周围散落着原本用来搭建金字塔上部的石块

很难认为这里会是一座军事基地，但可能是一个用来驻留小规模守备部队和哨兵的据点。这也许能解释为什么这座金字塔选择了这样的位置——有着能够一览周边平原的良好视野。但是，这种说法无法解释为什么这座建筑要建成金字塔的形状。除此之外，其他研究者也对这座金字塔的建造时间与建造目的提出了各种各样的观点。有研究者认为，这座建筑修建于公元前350年左右的农田里，是一座私人修建的塔。墙壁的斜面可能是为了便于搭上梯子爬到顶层，塔的内部则用来贮藏水、橄榄油或其他东西。虽然古希腊的农场建筑并不一定就是金字塔的形状，但发现了好几座有着这类功能的塔式建筑，并且它们还能在紧急时作为避难场所，因此，这似乎是一个相对合理的观点。

推定修建年代在最新技术下扑朔迷离

在古代文献中，公元2世纪的作家保萨尼亚斯（Pausanias）提到了这一地区的金字塔形建筑物，并认为它们是远古时期的墓地。希腊神话里，阿尔戈斯王阿克里西俄斯与他的兄弟普罗托斯为了争夺王位而战，为了悼念在战争中死去的士兵，人们修建了一座金字塔形状的公共墓地。不过，如果按照保萨尼亚斯的记录，那座公墓似乎不同于埃利尼克金字塔，也不知道它们之间的关系。至于这个神话故事在多大程度上反映了这座建筑本来的建造目的也不清楚，更不用说它的建造日期了。

值得注意的是，在20世纪末，有人主张埃利尼科金字塔是能与埃及金字塔比肩的古老建筑。在最新的科学技术——热释光测年法的测定下，它的建造日期从公元前3240（±640）年，修正为公元前2730（±720）年。根据这一测定结果，有人认为这座金字塔是用来供奉祖先和英雄的祭祀建筑（Heroön）。不过，这种测年法也被指出存在许多问题。现在，关于埃利尼克金字塔的讨论已经成为交织着民族主义与反西欧中心主义、只有行家才知道真相的现代史上的有趣一章。

2 / 塞斯提乌斯金字塔

意大利 | 象征着权力者地位的"四角锥"

在意大利的罗马也有一座作为坟墓的金字塔。它的造型与古埃及的金字塔类似,是征服埃及的纪念,还是权力地位的象征?

金字塔的东侧刻着其建造与修复的历史

上　图：位于罗马奥斯提恩瑟广场的金字塔。最近的地铁站名为"Piramide"，意为"金字塔站"
左下图：现在的金字塔与后世修建的城墙融为一体
右下图：罗马初任皇帝奥古斯都。塞斯提乌斯金字塔修建于他的统治时期

塞斯提乌斯金字塔是一座陵墓，它位于罗马，修建于公元前18—前12年、罗马首位皇帝奥古斯都统治期间。这座竖长的金字塔高约37米，每边长约29米，主体由混凝土建成，表面覆盖着产自意大利北部路娜（Luna，现卡拉拉）的白色大理石。金字塔内部的墓室是纵深约6米、宽约4米的长方形，天花板采用了桶形拱顶构造，墙上画着湿壁画的装饰。

塞斯提乌斯金字塔面朝今天的奥斯提恩瑟广场（Piazzale Ostiense），它虽然被砌入了后人所建的城墙内，但在建成之时，处于城市范围之外。古罗马禁止在城市内埋葬死者，坟墓都建在城郊的道路两旁，在这些坟墓中，金字塔自然显得格外引人注目。塞斯提乌斯金字塔位于联结罗马城与西南港口城市奥斯蒂亚的奥斯蒂恩西斯大道（Via Ostiensis）沿线去往另一条道路的三岔路口上。在这条大道上可以看到金字塔的西侧和东侧，上面有同样的文字——"盖乌斯·塞斯提乌斯·埃普罗、路奇乌斯之子、隶属波布利利亚、法务官、保民官、圣餐七人神官"，这是墓主人的名字与

墓室的内部在2016年完成了修复，并向公众开放。墙面用直线和烛台的图案分割，长方形的壁板状部分画着小小的女性的身姿和壶等图案

生前担任的职务，表明塞斯提乌斯是一名罗马贵族以及元老院的成员。此外，东侧还写着："遵从死者的遗嘱，在继承人庞提乌斯·梅拉与普布利乌斯之子、隶属克劳蒂亚区的自由民波图斯的监督下，本工程耗时330天完成。"下面有"修复于1663年"的字样，这当然是近代才刻上去的。

在金字塔的旁边发现了一座塞斯提乌斯本人的青铜像，底座上刻着一段铭文，这成了确定塞斯提乌斯金字塔建成年代的决定性线索。铭文中记载着7名继承人的姓名，其中包括在塞斯提乌斯金字塔上也刻着姓名的路奇乌斯·庞提乌斯·梅拉、塞斯提乌斯的兄弟路奇乌斯·塞斯提乌斯，以及皇帝奥古斯都的心腹与女婿——玛尔库斯·阿格里帕（Marcus Agrippa）。阿格里帕死于公元前12年，因此，塞斯提乌斯的死亡时间在这之前。

同时，铭文上还提到，为了建造这座雕像，使用了"出售金刺绣布（ATTALICOR）的钱"，其实，"这块布本应按照盖乌斯·塞斯提乌斯的遗嘱放入他的墓穴，但由于市政官的公告，他们（继承者们）不被允许这样做"。公元前18年颁布的

上图：通往墓室的隧道是后世挖掘出来的，在古代，似乎没有出入口

下图：墓室天花板的四角画着长着翅膀的胜利女神

《尤利乌斯奢侈法》规定将金刺绣布作为陪葬品属于违法行为，所以塞斯提乌斯的死亡应该在这一时期之后。

塞斯提乌斯把自己的坟墓修建成金字塔的想法从何而来？马上可以联想到的是，公元前30年，埃及并入罗马帝国。罗马人通过货币的铭文和设计宣扬征服埃及的功绩。公元前10年，两座从埃及运来的方尖碑被安置在了罗马，用作日晷或者战车竞技场（Circus）的装饰。塞斯提乌斯的坟墓是否就是这样的征服纪念物呢？也有人推测，塞斯提乌斯曾到过埃及，并在南部的努比亚见到了竖长的金字塔。

不过，罗马人也知道，金字塔是值得惊叹的建筑物，是积累了巨大财富的上古国王的陵墓。塞斯提乌斯可能就是从遥远的古埃及寻到一个能与自己的财富和地位相称的建筑原型。此外，考虑到他原本打算把金刺绣布带入墓穴，这是由繁荣于土耳其的希腊化王国帕加马的国王阿塔罗斯（Attalus）发明的，塞斯提乌斯可能不仅仅着眼于埃及，而是试图利用一切能炫耀自身身份的物品。

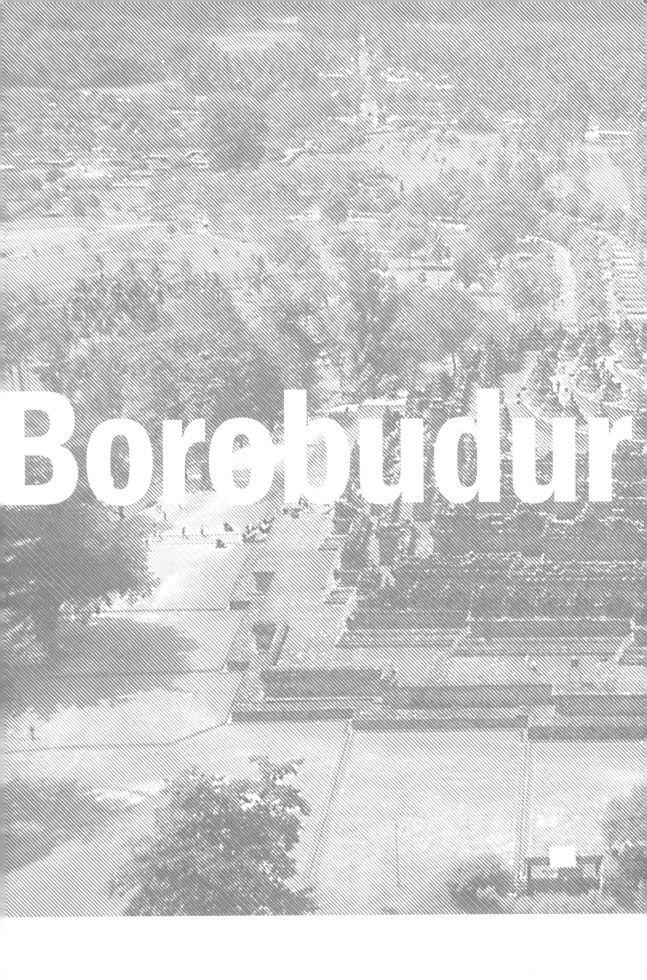

婆罗浮屠篇

在印度尼西亚的爪哇岛，有一座作为佛教遗址的"金字塔"。这座寺庙建于公元 8 世纪夏连特拉王国时期，是一座引导人们通往开悟境界的巨大教化工具。

著／下田一太

婆罗浮屠

印度尼西亚

引导人开悟的金字塔

婆罗浮屠拥有众多浮雕和超过500尊佛像，是世界上绝无仅有的大型阶梯金字塔。它究竟是在怎样的构想下修建的呢？

公元伊始，印度教和佛教开始沿着联系古印度与中国两大古老文明的南海贸易路线传播，许多地方都兴建了融合当地信仰的特色建筑和雕像。而自古以来人口稠密、长期作为印度尼西亚历史文化中心的爪哇岛也是其中之一。公元7世纪后半叶，这里陆陆续续地建起了石造寺庙，婆罗浮屠就是最能代表这种爪哇古代造型艺术的遗址之一。

婆罗浮屠位于爪哇岛的中央，距离海岸线约40千米。现在，从约40千米外的古都日惹（Jogja）可以轻松地到达这里，但在过去，从远方来访这个圣地会是一场名副其实的艰辛的朝圣之旅。有"爪哇之庭"美称的吉都（Kedu）盆地被一片椰子林覆盖着，风景秀丽，而婆罗浮屠就位于这个盆地的中央。从婆罗浮屠顶上放眼望去，可以看到许多钟形的小卒塔婆（Stūpa），以及众多3000米高的秀美山峰。它们围绕着盆地，锐利的山脊连绵不断，与近景中的佛塔共同构成了一幅壮丽的全景图，让观者仿佛置身于圣域中心。

婆罗浮屠由6层方形阶梯平台和平台上的3层圆坛组成，顶层有一座直冲天空的中央卒塔婆。它的基底为边长120米左右的方形平台，建筑全高因中央卒塔婆的顶部缺失而不明确，但推测达到了42米。婆罗浮屠用石块堆积而成，作为建筑材料的安山岩就取自附近的普罗戈（Progo）河与埃罗（Elo）河。石块的尺寸普遍较小，厚度统

婆罗浮屠的最上层，卒塔婆排列成行。
建筑全高约42米

左图：婆罗浮屠远景。总共使用了 75 万块石块
右图：婆罗浮屠平面图

一为 22—23 厘米，是一个人就能搬运得动的大小，婆罗浮屠的体积为 55000 立方米，总共使用了 75 万块石材。

婆罗浮屠建在一个天然的小山丘上，山丘上填了一层厚厚的泥土，用来作为堆积石块的地基。填土的最厚处达到 12 米，使凹凸不平的山顶变得平整。18 世纪上半叶，西欧人发现了婆罗浮屠，并于 19 世纪以莱佛士（Raffles）等人为组织核心开始进行学术调研。当时，遗址已经濒临崩塌，山顶填土层的沉降使堆积的石块变形，而热带雨林的强降雨加速了这一进程。

进入 20 世纪，婆罗浮屠开展了好几次修复工作。特别是在 20 世纪七八十年代，由联合国教科文组织领导的国际修复工程，恢复了婆罗浮屠的原貌。

回廊上长长的绘卷

婆罗浮屠是一座阶梯金字塔式的建筑物，包含一条长长的参拜道路。下层的平台由四层回廊组成，参拜者可以一边观赏刻在墙面上的浮雕石板，一边从下层漫步到上层。

在最底层的第一回廊的两侧——金字塔侧的主墙和外侧的护栏都有分为上下两段的浮雕石板，一共 4 段。这 4 段都要按顺时针方向观看，也就是说，光是第一回廊，参拜者就需要走 4 圈才能看完。从第二回廊到第四回廊，主墙和护栏

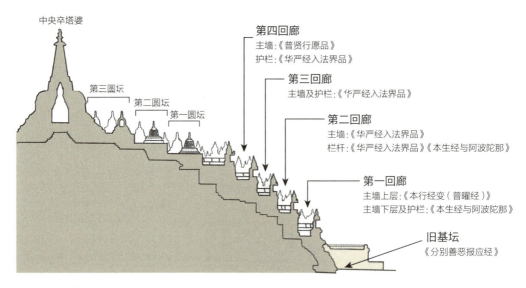

婆罗浮屠的横截面

上都只有一段浮雕石板，所以各需要走2圈。这样一来，参拜者一共需要走10圈，总距离为4000米。

在这趟朝圣之旅中，参拜者一共能看到2000块以上的浮雕石板，其中，保存至今的也有1500块以上。这些浮雕石板上的故事从第一回廊主墙上部描绘释迦牟尼生平的本行经变开始，然后是从第一回廊其余墙面到第二回廊栏杆上讲述佛陀前世善行的《本生经》，以及用文学修辞的手法向普通信徒简要说明佛陀教义的阿波陀那。第二回廊的其余石板到第四回廊的栏杆上刻着《华严经入法界品》，描绘了善财童子参访多位善知识、获得知识与智慧的信众的旅程。第四回廊的主墙上刻着描述普贤菩萨的行为与愿望的《普贤行愿品》，这条长廊上的故事到此结束。

尽管有许多研究者都试图解读这些浮雕石板上描绘的故事，但仍有300块以上的石板尚未被解读。这些浮雕之所以难以解读有几个原因。首先，由于爪哇人的文化气质或者婆罗浮屠的宗教性格，这些浮雕回避了故事中的过激场面和表现，导致叙事的主题变得难以确定。其次，浮雕中登场的众多人物在不同石板上的表现不一致，也给浮雕的解读带来了困难。此外，浮雕石板都是横向的长方形，余下的空白处刻着许多与各个场景主题无关的内容，这也使浮雕的主题变得难以确定。这样的烦恼可能不止困扰着今天的研究者，还困扰着过去拜访婆罗浮屠的旅人们。因此，或许可以考虑由一个专门负责解读壁画的僧侣作为导游陪同旅人参拜。

婆罗浮屠建于何时？

虽然没有发现任何记载婆罗浮屠建造时间的碑铭或文献，但浮雕石板为解答这一问题提供了线索。在第一回廊下层的基坛脚下，其实还有一段环绕基坛的浮雕石板。这些石板雕刻到一半就被放弃了，以未完成的状态埋藏在基坛堆积的石块下，但也因此成了解修建过程中石材加工情况的重要窗口。今天，在婆罗浮屠的东南角能看到旧基坛的一部分。

在被埋藏的旧基坛墙壁上共有160块浮雕石板，上面画着《分别善恶报应经》。它教导人们，善恶必定会带来相应的果报。善行与恶行如同种子隐藏在人的深层意识中，当时机到来就会产生相应的果报，有时，报应会在死后的天界与地狱

饮酒的因果报应

在石板左侧雕刻着两个大酒壶，还坐着一个大口喝酒的男人。右侧则画着这个男人因饮酒而生病，给他的家人带来不幸。佛陀以"五戒"作为最根本的戒律教导弟子，其中之一就是不饮酒

面容丑恶的男人们

根据佛典，愤怒的人、多愁的人会有丑陋的相貌，这块石板上的男人们的形貌就很丑。石板上用卡维字母写着"丑恶的面容（Virupa）"

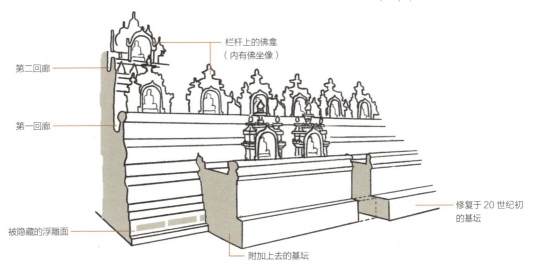

来临。这些浮雕石板正是通过描述地狱的痛苦折磨达到教化人们的目的。

　　这些未完成的浮雕石板的每一面都有一条简短的铭文，用以指示需要雕刻什么样的场景。铭文用梵语写就，在雕刻完成后就会刮去，并且使用了简易的卡维（Kawi）字母，省去了句尾的变化。对这些文字进行分析，可以知道这是公元778—847年的字体。从雕刻的美术样式来看，它们属于中部印度的笈多王朝时期。综合各方面的研究，可以认为婆罗浮屠的修建始于公元8世纪下半叶，最迟完成于公元9世纪中叶，经历了几位统治者的更迭与建设事业的继承才最终完成。

　　那么，为什么在修建过程中更改了计划，扩建了基底部呢？原本的基部除了雕刻着天道与地域的浮雕石板之外，墙面上还有丰富的线脚装饰，比扩建后的基底设计得更加精致。一般认为，计划更改的原因是阶梯金字塔的下部建得太过陡峭，在修建过程中石块发生了崩塌，不得不对基底周边进行结构加固。不过，如果只是这样的话，那么把雕刻到一半的浮雕石板拆下来，重新安装到新的基部上也是可以的，所以，也许还有别的根本性的原因。也就是说，计划更改更重要的理由似乎是在漫长的修建过程中，天道与地狱的主题变得不再符合寺庙的整体构想了。

　　人们会因现世的行为而在死后受到相应的果报，这种教诲对大众来说很好理解，但或许是不愿在这座神圣的建筑物上刻下丑陋的现世恶行和残酷的地狱刑罚吧。

佛陀的生平（《本行经变》）

参拜者在婆罗浮屠最先看到的浮雕石板，就是刻在第一回廊主墙上的《本行经变》图，上面描绘着佛陀的生平行事。这些经变图基于《普曜经》的内容绘制而成，这部完成于公元2世纪中叶的佛教经典是最早的本行经。《本行经变》是在各个地区都广受欢迎的佛教绘画题材，在中亚等地的佛教遗址都被发现过。

在婆罗浮屠，这120块浮雕石板刻画着佛陀的前半生。故事从佛陀诞生之前的天界开始，讲述了释迦牟尼的诞生，作为悉达多太子无拘无束地成长，放弃富贵安逸的生活出家、苦行、开悟，结束于佛陀第一次宣说"佛法"——"初转法轮"。

由于大多数《本生经变》都一直画到涅槃为止，所以可能会觉得这里的故事结束得有些突兀。不过婆罗浮屠的叙事浮雕忠实于最古老的本生经《普曜经》，故事到初转法轮就结束了。但是也有人认为，第一回廊栏杆上的一些浮雕石板刻画了从佛陀晚年到他涅槃，以及之后的遗骨分配与舍利塔建立的场面。

在这些刻画佛陀生平行事的《本行经变》图中，让他证悟成佛的既不是出家前的享乐生活，也不是出家后的苦行生活。不偏向任何一边，这样的中庸思想才是佛陀最根本的思想。拜访婆罗浮屠的参拜者在这条最先踏入的回廊上，一边阅读佛陀的生平，一边踏上自己开悟之路的第一步。

具有代表意义的浮雕石板
摩耶夫人的托胎灵梦
摩耶夫人横卧在浮雕中央，因受到了神启而感受到体内有一位尊贵的人物。浮雕的左上角画着从天界降临的佛陀化身为一只白象，进入夫人的肚子

佛陀的诞生
佛陀诞生自摩耶夫人的右腹部，然后立刻行了七步，并说："天上天下，唯我独尊。"七步之后，佛陀脚下大地裂开，莲花浮现

佛陀的四门游观
昔为太子的佛陀从东、西、南、北四门离开王城，然后在各门外分别遇到了老人、病人、死者、僧侣，目睹了人生的苦难，为了离苦而决意出家修行。共有四面浮雕描绘着佛陀的这些见闻，这里刻画的是东门外遇到老人时的场景

佛陀出城
这面浮雕上画着佛陀在夜里骑着爱马坎塔卡，悄然离开王城的场景。佛陀以飞天为伴，马脚边绽放的莲花是诸天的加持。据说这是佛陀25岁时发生的事情

佛陀降魔成道

出家之后，佛陀历经6年苦修，但天魔一直跟随其身边。这块石板上画着佛陀与天魔及其凶暴的军队之间的战斗。佛陀结跏趺坐，射向他的箭矢在途中尽数化为花瓣，他击退了天魔的攻击与诱惑，最终证悟成道

佛陀的初转法轮

这面浮雕上刻着佛陀在鹿野苑第一次宣说佛法时的场景。菩萨坐在右边，比丘坐在左边，倾听佛陀说法。遗憾的是，浮雕上的佛陀右手已经损坏。但一般认为，他以食指与拇指相捻成环形，结说法印

《本生经》（前世故事）

在大乘佛教中，如要开悟，必须要做足够多以他人幸福为目的的事情，也就是"利他行"。为此，往往需要付出自我牺牲。从第一回廊主墙下段和栏杆到第二回廊的栏杆上刻画的本生故事和阿波陀那，就讲述了佛陀前世反复进行的无数利他行。

尸毗王的故事

尸毗王施行仁政，为了测试他，帝释天让一只被老鹰袭击的鸽子逃到他的面前。尸毗王于是从自己的大腿上割下与鸽子等量的肉，喂给了准备吃掉鸽子的老鹰。浮雕石板的右边画着尸毗王，老鹰落在中央的树枝上，鸽子在左边的天平一端

善财童子的求法之旅（《华严经入法界品》）

从第二回廊到第四回廊连绵不断的浮雕石板上，刻画着一个名叫善财童子的年轻人的故事。他一共参诣了53人，请求他们教给自己真理，并最终获得了终极真理。在日本，所谓的"东海道五十三次"也常常认为来自这个故事，但是否真的如此并不确定。善财童子参诣的53人中，既有菩萨、神子、女神、苦行僧、仙人和国王，也有少年、少女、首陀罗甚至妓女。婆罗浮屠的浮雕上清楚地雕刻着善财童子与这些人相见，并向他们寻求教导的样子。参拜者们可以一边在这长长的回廊上漫步，一边与为追求真理和智慧踏上漫长旅程的善财童子为伴。最终，婆罗浮屠的叙事长廊以善财童子在旅程的最后与普贤菩萨会面、获得终极真理而结束。

善财童子的求法之旅

从第二回廊至第四回廊的浮雕石板上，画着善财童子的漫长开悟之旅

左上图：位于印度中部桑吉的窣堵婆
右上图：位于斯里兰卡阿努拉德普勒的无畏山寺舍利塔。塔高74米，是斯里兰卡现存最大的窣堵婆

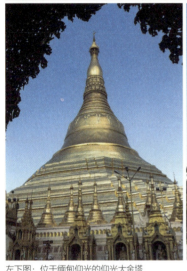

左下图：位于缅甸仰光的仰光大金塔
中下图：位于中国西安郊外的大慈恩寺大雁塔。建于公元652年，高64米
右下图：位于日本滋贺县大津市的石山寺多宝塔。建于1194年，是日本最古老的多宝塔

婆罗浮屠其实本是窣堵婆（佛塔）？

借助浮雕石板讲述佛教教义的婆罗浮屠，采用了这种阶梯金字塔的建筑样式，究竟有什么寓意呢？

许多观点都认为婆罗浮屠本是一座佛塔，即窣堵婆。所谓的窣堵婆，本来是王公贵族的坟墓，是在半球形的土丘上插着遮阳伞的样式，后来逐渐演变成了安置佛陀的遗骨或舍利子，并用以供奉的纪念性建筑。公元前3世纪，在印度桑吉建造的半球形坟堆状的窣堵婆，就是最古老的窣堵婆遗址之一。许多窣堵婆在修建完成之后，会以最初的建筑物为核心，不断地在其基础上扩建，这被称为"增扩"。在斯里兰卡，这种窣堵婆在不断的增扩下变得巨大化的倾向尤为显著，甚至曾出现过高度超过100米的窣堵婆。

在世界各地，窣堵婆的样式与材料各不相同，例如在缅甸、泰国用砖石建成的钟形窣堵婆，或是在中国、日本的多层佛塔等，形态各不相同。仅在日本，除了五重塔和三重塔之外，还有保留着原本的半球形风貌的多宝塔，以及多层石塔等五花八门的样式。随着佛教的传播，窣堵婆顺应了不同地区的信仰与造型偏好，并根据各地的建筑材料和传统技法发生了改变，这种因地制宜的发展和变化着实有趣。

婆罗浮屠也是这些各式各样的窣堵婆中的一种。不过，如果窣堵婆的本质是用来供奉舍利子

婆罗浮屠全景
卒塔婆在亚洲各地发展出了各种样式，婆罗浮屠就是其中之一。它凝聚着古代爪哇文化丰富的想象力和高度的创造力，是造型艺术的结晶

的建筑的话，那么婆罗浮屠是否真的满足了这个条件呢？就拿日本的五重塔来说，在飞鸟寺、法隆寺等地的五重塔里，都在塔心柱的柱础处发现了用来盛装舍利的容器，这就是它们作为卒塔婆的确切证明。

在不同的卒塔婆中，收纳舍利容器的位置也不相同。就拿印度的半球形卒塔婆来说，舍利容器一般放在塔的中轴线上的某个位置，但也有在塔顶的平头处或者塔身覆钵中发现舍利容器的例子，没有统一的规则。而在东南亚，泰国的卒塔婆中虽然有一些把舍利容器安置在卒塔婆内的案例，但大多都是将其安置在卒塔婆正下方基坛内部的地下室中。在这些地下室中，除了鎏金铜制舍利容器之外，还发现了陶瓷、戒指、宝石等诸多供品。但是，在婆罗浮屠，至今仍未发现舍利容器。虽然在中央卒塔婆的内部发现了一个小密室，里面有未完成的石雕佛像和小型的鎏金铜像，但这是在遭到盗墓者洗劫之后发现的，因此无法确定这些遗物在婆罗浮屠建成时是否就在这里。还有一种可能是，舍利容器就放在婆罗浮屠所处的天然丘陵的地面上，古代爪哇人是在这之上填土作为地基，才建起了这座大型建筑物。但这只是推测，目前无从确认，已经成了谜团。

至于把婆罗浮屠视作卒塔婆的观点，大致可以分成两种。第一种观点认为下方的九层阶梯平台其实只是卒塔婆的基座，立于基座上的中央卒塔婆才是卒塔婆本身。比如，日本的五重塔就是如此，装饰在塔顶上的塔刹就是完整的卒塔婆，底下的五层木造部分只是它的底座。另一种观点则认为婆罗浮屠这座巨大的建筑物本身就是一座卒塔婆。这种观点认为婆罗浮屠底下的5层回廊对应着卒塔婆的基座，在这之上的3层圆坛对应着卒塔婆的覆钵形塔身，立于顶层的中央卒塔婆则对应着卒塔婆塔顶平头上的部分。印度桑吉的卒塔婆也在基座周围立起了一圈围栏，制造出一个环绕着卒塔婆基座的空间。可以认为，反复绕行卒塔婆就是参拜仪式的一部分。这种设计能让参拜者在绕行的过程中，感觉自身与右手边这座巨大的卒塔婆逐渐融合在了一起，逐渐进入忘我的境界。

婆罗浮屠应当被以何种形式解释为卒塔婆还存在争议，但毫无疑问的是，起源于印度的卒塔婆在亚洲各地发生了大胆的变异，最终发展出了各种样式。

日本特有的卒塔婆：头塔与土塔

在日本，广为人知的是修建成五重塔样式的卒塔婆，但很少有人知道和婆罗浮屠同样修建成阶梯金字塔样式的卒塔婆的存在。下面将介绍两座与婆罗浮屠几乎同时代，或者更准确地说，还要稍早一些的卒塔婆。

第一座是位于奈良县东大寺以南1.7千米处的头塔，它的修建始于公元760年，完成于公元767年。头塔在基坛上设置了7层阶梯式平台，并在顶层建造了一座八角堂。塔的基坛边长32米，到顶层的高度为9.1米。每层平台上都配置着刻有佛教故事的浮雕石板，这种构想正与婆罗浮屠的叙事回廊大同小异。

另一座则是位于大阪府堺市的土塔，

头塔（上）与土塔（下，想象复原图）在奈良东大寺以南（上）以及大阪府堺市（下），也有四角锥体状，或者说是金字塔状的卒塔婆。两者都建于公元8世纪

它修建于公元727年。根据现代技术复原，土塔的基坛上设有12层阶梯式平台，塔顶层和头塔一样，也载着一座八角堂。在塔的周边出土了大量原本铺在各层上的瓦片，版筑的夯土顶面一层都盖着这样的瓦片。土塔的底边长53米，顶层高约9米。

婆罗浮屠究竟是不是曼陀罗？

婆罗浮屠的阶梯金字塔形式，拥有被视为立体曼陀罗的具象化形式的强烈倾向，这正是密宗的思想与宇宙观的象征性图形。说起立体曼陀罗，也许很多人都会想到并立在京都东寺讲堂内的诸尊佛像。而在婆罗浮屠，多达504座佛像按照几何学秩序井然有序地排布着。根据这些佛像的布置，许多研究者讨论了婆罗浮屠作为曼陀罗表现的思想、佛像的尊格以及依据的佛教经典。

婆罗浮屠的佛像按照所结手印的不同分为6种不同的尊格。从基坛到第三回廊的主墙上，东西南北不同方向的佛龛里各摆放着92座手印相异的佛像，东面的佛像结"触地印"，南面的佛像结"与愿印"，西面的佛像结"禅定印"，北面的佛像结"施无畏印"。

手印源自印度自古以来通过特定的手势来表示特定的人类或情感的习俗，可以用来表现佛经故事中的不同场面。例如，"触地印"就源自佛陀证悟前受到魔王诱惑时，以右手触地唤出坚牢地神驱散魔王的故事（请看下图中佛陀结出"触地印"的场景）。在第四回廊四方的主墙上共有64座佛像，结"说法印"；在更高处圆坛上的72座小卒塔婆里，还有72座结"转法轮印"的佛像。

关于这些结印佛像的尊格有好几种说法，但几乎没有争议的是，这些佛像是依据《初会金刚顶经》的曼陀罗创作的。这部佛经成书于公元7世纪末，公元8世纪中叶翻译成中文，是修建婆罗浮屠时最新的宗教思想。

把这些佛像和同样依据《初会金刚顶经》描绘的《金刚界曼陀罗图》相对比，可以认为东面结"触地印"的佛像尊格为阿閦佛，南面为宝生佛，西面为阿弥陀佛，北面为不空成就佛。将阿弥陀佛安置在象征着西方净土的西面的做法，在平等院凤凰堂、净琉璃寺等日本净土式寺院中也十分常见。

安置在圆坛上的小卒塔婆里的佛像，双手结"转法轮印"

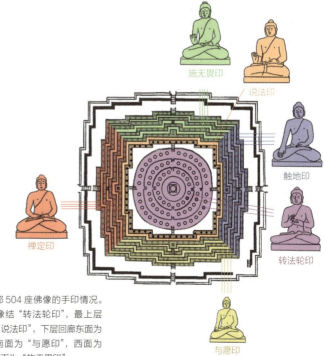

婆罗浮屠全部504座佛像的手印情况。圆坛上的佛像结"转法轮印"，最上层回廊佛像结"说法印"，下层回廊东面为"触地印"，南面为"与愿印"，西面为"禅定印"，北面为"施无畏印"

婆罗浮屠的东面沐浴在朝阳中。回廊上的佛龛里陈列着结成"触地印"的佛像

关于上层两种佛像的尊格,目前还没有达成共识。在诸多假说中,被反复提及的一种假说认为,第四回廊上的佛像为毗卢遮那佛,圆坛上的佛像则是释迦牟尼佛。这种假说基于这样一个事实:在古代爪哇的佛教圣典《圣大乘论》中,上述的阿閦等四佛和毗卢遮那佛都产生自释迦牟尼佛。不过,如果婆罗浮屠是一座引导人开悟的建筑的话,还会有一个更加合理的观点。

让我们在此重新回顾一下婆罗浮屠的《本行经变》图。在浮雕石板上,宣说佛法的佛陀都结着"说法印",比如初转法轮场景里的佛陀(见前文插图),结"转法轮印"的佛陀一个也没有。也就是说,认为第四回廊上结着"说法印"的佛像为释迦牟尼佛更合理。此外,因为毗卢遮那佛一般结"智拳印""定印"或者"转法轮印",所以,把圆坛上结"转法轮印"的佛像视为毗卢遮那佛更恰当。而且,从善财童子求道的漫长故事占据了回廊大部分内容的事实上也可以得知,婆罗浮屠的根本思想无疑就在记述此故事的《华严经》中,而《华严经》里就记载了释迦牟尼在证悟之后成为毗卢遮那佛。穿过婆罗浮屠的方形回廊踏上圆坛的行为正是具象化了释迦牟尼证悟成佛的过程,佛像的排列也应当看成从释迦牟尼佛发展到了毗卢遮那佛。释迦牟尼证悟成为毗卢遮那佛,与众佛共坐于耸立在宇宙中心的须弥山楼阁中。阿閦佛、宝生佛、阿弥陀佛、不空成就佛面向四方而坐,毗卢遮那佛坐镇中央。可以认为,婆罗浮屠的佛像群除采用了这种佛像的配置之外,还额外融入了释迦牟尼成为毗卢遮那佛的过程。

婆罗浮屠正是这种充满普遍佛理的宇宙观的缩影。修行者可以置身于这座立体曼陀罗,在回廊上漫步或冥想,从视觉和体验上认识整个真理世界,并与之融为一体,最终达到开悟的境界。

将曼陀罗具象化的金字塔型建筑

乌达耶吉里的佛塔（印度）

在密教美术的起源地——印度奥里萨邦，有一座四面安置着佛像的卒塔婆。遗憾的是，卒塔婆的崩塌十分严重，没能把原来的外观保留下来，但留下了方形的基坛与其上约7米高的砖石遗迹。在这座卒塔婆四面的佛龛中，东面佛像结"触地印"、南面佛像结"与愿印"、西面佛像结"禅定印"，分别被认定为阿閦佛、宝生佛和阿弥陀佛，这和婆罗浮屠的佛像布置一致。而在北面，虽然佛像也结"禅定印"，但从这一地区的特有风格来看，这座佛像应为毗卢遮那佛。在卒塔婆北面安置毗卢遮那佛的原因尚不明确，一般认为是把影响力最弱的不空成就佛换成了在这一地区获得了热忱信仰的毗卢遮那佛。

科萨利亚的大塔（印度）

近年来，在印度东北部的比哈尔邦发现了几座大型卒塔婆，其中最引人注目的就是位于科萨利亚的卒塔婆。科萨利亚的卒塔婆被发现于1998年，目前仍在进行考古发掘。这座砖砌建筑底面是直径约120米的圆形平面，现存部分的高度为33米，推测原本的高度达45米。在其阶梯式的基坛上，壁龛相连成行，每个里面可能都供奉着佛像。遗憾的是，它在中世纪遭到了伊斯兰教徒的严重破坏，无法确定原本的建筑结构和修建年代，也解读不出佛像尊格的配置，但修建于公元4世纪左右的说法较为可信。

可以确定的是，在供奉着佛像群的阶梯金字塔基坛上安置卒塔婆的构想是在前一阶段的基础上发展而来的，但这无损婆罗浮屠成为古代爪哇文化的创造力集大成者。

白居寺吉祥多门塔（中国）

中国西藏是源自印度的曼陀罗发展得最好，并且流传至今的地方。其中建成于1427年的白居寺吉祥多门塔留有极多的曼陀罗绘画，其建筑本身也被设计成一座立体曼陀罗。吉祥多门塔和婆罗浮屠一样，共有9层。从塔基底往上至第四层，共有5层外设回廊作为塔的基坛。塔的第五层是圆柱形的覆钵，第六层是方形的平头，第七、八层是圆锥形的塔刹。塔顶的第九层是一个开放式露台，上面安置着宝瓶。露台距离地面的高度为37米，宝瓶距离地面的高度为42米。巧合的是，它的立面构成和高度都和婆罗浮屠相同。不过，相对于没有室内空间、只有露坛的婆罗浮屠，吉祥多门塔的各层都有许多壁龛和房间，在这一点上，二者有很大的差别。在吉祥多门塔，供奉着包括2万幅以上曼陀罗绘画在内的佛画和佛像，展现着一个细心构建出来的密教世界。

白居寺吉祥多门塔，中国西藏。在第六层平头部分的四面画着眼睛、眉毛和白毫，代表佛塔本身就象征着佛的身体

位于尼泊尔博卡拉的藏传佛教寺庙，天花板上有曼陀罗绘画。在藏传佛教寺庙里常常可以看到曼陀罗图

攀登启蒙的金字塔

至此，我们讨论了婆罗浮屠被视为卒塔婆或立体曼陀罗的构想。但除此之外，这座体积庞大的寺庙，还融合着爪哇地区自古以来对哺育着人们的山岳的信仰。

山岳信仰是一种广泛分布在世界各地的信仰，但对日本人来说尤其熟悉。日本人受惠于山林的馈赠，在他们精神和文化的深处，深深地根植着对山岳的敬畏之心。而在拥有不少 3000 米以上山峰的爪哇岛，自史前时代以来，山岳就被视为神圣的崇拜对象。在这些山峰的顶上和山中，自古以来就修建着不少区域特色明显的宗教场所，这正是这种信仰的最好佐证。

葛努恩·巴东遗址（Gunung Padang）位于爪哇岛的西部山区中，是修建在一段长约 120 米的山脊上的 5 层平台。它利用了天然地形，是一座形状不规则的阶梯金字塔。在金字塔的各段平台上有一些用玄武岩质柱状石材搭建而成的设施。其建造年代尚不明确，但可以知道，这里是用来举行宗教仪式的场所，并属于一种既非佛教、亦非印度教的本土信仰。

勒巴克·齐贝杜遗址（Lebak Cibedug）同样位于爪哇岛的西部山区中。在这座复合宗教建筑群的深处，建有一座阶梯金字塔。这座石堆金字塔和婆罗浮屠一样，共有 9 层。金字塔的底面是边长 19 米的正方形，全高不到 6 米，但因其选址充分利用了这里的地形，所以看起来要比其本身大得多。这个遗址同样被认为是与外来信仰相隔绝的宗教场所。在这些建筑遗迹上安置着一些立石。这些立石被用作死者灵魂降临时的载体，类似日本的磐座——同样是一种自古以来的祭祀场所。

这种当地信仰和来自印度的外来宗教似乎在后世和平地融合在了一起。和佛教一样，从印度传来的印度教也在爪哇山区留下了许多寺庙。爪哇最早期的湿婆教圣地都位于高原上，如迪昂高原遗址（Dieng Plateau）、葛东·松戈遗址（Gedong Songo, 公元 7 世纪末至公元 8 世纪初）、葛努恩·乌奇尔遗址（Gunung Wukir, 公元 8—9 世纪）等。

婆罗浮屠同样建在一座天然的山丘上，鉴于这些事例，不难想象，这座山同样自古以来就是重要的信仰之地。古代爪哇人就是在作为

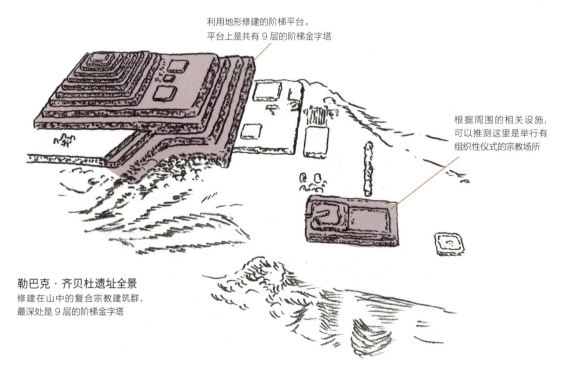

利用地形修建的阶梯平台。平台上是共有 9 层的阶梯金字塔

根据周围的相关设施，可以推测这里是举行有组织性仪式的宗教场所

勒巴克·齐贝杜遗址全景
修建在山中的复合宗教建筑群，最深处是 9 层的阶梯金字塔

信仰之地的丘陵上建起了金字塔,并用回廊反复环绕,由此设计出了一条长长的登顶路线。也就是说,婆罗浮屠正是一座专为人们登顶而设计的人造山丘。

《华严经》雕刻在回廊的浮雕石板上,它将菩萨道的修行分为10个心性提升的阶段。如果把中央卒塔婆也看成一层的话,婆罗浮屠也正好是10层,有人据此认为这就代表菩萨道修行的10个阶段。金字塔的阶梯平台就象征着漫长的修行之路。显然,婆罗浮屠将这一地区长期以来的山岳信仰与最新的佛教思想融合在了一起,是一座创造性的建筑。

再进一步说,修建婆罗浮屠的王朝名为夏连特拉,这在梵语里的含义就是"山之君主"或者"来自山中的王"。而且,推动建筑工事进行的统治者因陀罗王(公元782—812年)的名字,同样源于居住在须弥山上的佛教神明。

婆罗浮屠是卒塔婆,是曼陀罗,也是山。这些不同的信仰以一种举世无双的造型与精致的雕刻艺术杂糅在了一起,创造出了一件引导人们通往开悟境界的巨大教化工具。婆罗浮屠用寺庙整体的三个部分象征着大乘佛教中的三界,即欲界、色界、无色界。也就是说,旧基坛上雕刻的《分别善恶报应经》,讲述着要如何摆脱欲望带来的残酷报应,就象征着"欲界"。

回廊的基坛上雕刻着讲述佛陀证悟历程的本行经变图、劝说人们累积善行以达成证果的《本生经》、讲述善财童子求道之旅的《华严经入法界品》等,这里是追求证悟的"色界"。

圆坛上集中分布着许多已经证悟得道的毗卢遮那佛,这里是超越了色相的"无色界"。

密密麻麻的浮雕墙面包围着回廊,构成了一个封闭空间。在这里漫步许久的修行者终于在圆坛上感到豁然开朗,得以在广阔的天空下一望远处的群山。从回廊内封闭又充满动感的雕刻空间,到单纯明快的卒塔婆平台上安静的开放空间,修行者们能感受到这种剧变,并在这里升华,进入充满大光明的开悟状态。可以说,婆罗浮屠是一座融合各种信仰与思想,通过压倒性的体验引导修行者们开悟的巨大建筑物。

位于爪哇岛中央的迪昂高原遗址。在海拔超过2000米的群山深处,公元7世纪末至公元8世纪初的印度教寺庙并排而立

从婆罗浮屠的圆坛上眺望之景
在经过一条长长的回廊后,修行者们登上了金字塔的顶层,并在圆坛上达到开悟的境界。在婆罗浮屠,能感受到一种与圣地相称的庄严气息

金字塔的调查历史

河江肖剩

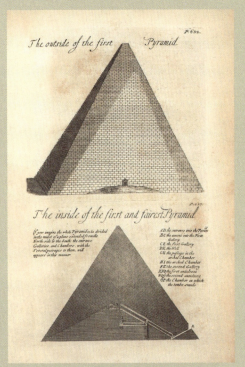

胡夫金字塔断面图,出自约翰·格里菲斯的《金字塔志:埃及金字塔的记述》(1646年)

胡夫金字塔与卡夫拉金字塔断面图,出自弗林德斯·皮特里的《吉萨的金字塔与神庙》(1883年)

勘察者们

一般来说,在发掘过程中寻找各式各样的物质文化,就是人们对考古学的普遍印象。但是,比这更重要的工作,其实是记录。自然科学的本质在于观察,而考古学的本质在于通过反复的观察、测量和记录来了解古代文明。

第一个基于这样的理念记录吉萨金字塔的是英国数学家约翰·格里菲斯(John Greaves,1602—1652年)。他拥有先驱性的学术洞察力,使用当时最好的测量仪器对金字塔的内外进行了测量,是第一个提出金字塔是王墓的学者。不过,这并非金字塔学术研究的开端,真正的开端可上溯至拿破仑远征埃及时进行的学术调查。1798年,跟随拿破仑的远征军前往埃及的还有150多位各个领域的专家,他们在那里进行了实地调查研究,并将研究成果编纂成了一系列规模庞大的出版物,即《埃及记述》,共有23卷。他们在吉萨地区,对装饰石板已然脱落的胡夫金字塔的上层结构和内部进行了详细的测量与调查。

近代考古学始于"埃及考古学之父"弗林德斯·皮特里(Flinders Petrie,1853—1942年),他对吉萨三大金字塔进行了全面的勘测。皮特里备齐了当时欧洲最精巧的测量仪器,对金字塔群进行了调查,并著成了《吉萨的金字塔与神庙》一书,描述和记载了吉萨三大金字

在笔者推进的三维测量调查中,生成的
孟卡拉金字塔的精密平面图像
(Giza 3D survey 制成)

塔的外部与内部详情、测量数据、建筑技术和人员组织等。这本书至今仍被视为研究金字塔的启蒙书。美国考古学家马克·莱纳(Mark Lehner, 1950—)更新了皮特里的测量数据。受当时美国蓬勃发展的"过程主义考古学"的影响,他意识到如果要解开金字塔修建之谜,不仅需要金字塔单体的信息,还需要绘制吉萨高原整体的地形图,并找到采石场、港口、斜坡以及定居点的位置。

在近年的最新调查研究中,金字塔的石块被一块块地记录了下来。考古学家还使用了最新的科学技术,开展了使用无人机的三维测量调查,以及如同X射线透视人体一样,采

拿破仑的《埃及记述》内页。此书使用了当时最顶尖的版刻技术与印刷技术,现已完全数字化

用了宇宙射线透视金字塔的缪子成像调查等技术。在这里,人们用科学的方式取得数据,然后用人文的方式加以解释。这些调查研究使金字塔的结构分析成为可能,同时,还在金字塔内部找到了过去从未发现的未知空间。

埃及文字与麦罗埃文字

宫川创
（关西大学东西学术研究所博士后）

解读的历史

从古希腊学者赫拉波罗到中世纪的阿拉伯学者，许多人都为解读古埃及象形文字（圣书体）付出了努力，但无人成功。17 世纪，耶稣会士阿塔纳修斯·基歇尔（Athanasius Kircher, 1601—1680 年）注意到，埃及的科普特基督教徒们在仪式上使用的科普特语，正是从圣书体书写的语言演变而来的。他也进行了解读的尝试，但拘泥于对圣书体文字字形的联想，陷入了错误的解释。18 世纪，事情迎来了转机，拿破仑率军远征埃及时，在埃及城市拉希德（亦称罗塞塔）发现了一块石碑。这块石碑被称为罗塞塔石碑，上面刻有古埃及象形文字（圣书体文字）、埃及草书（世俗体文字）和古希腊语（希腊字母）。

这块石碑最终被战胜法军的英军夺走，至今仍在伦敦的大英博物馆中展示。不过，法国人认为石碑上的圣书体和世俗体的部分与已知的古希腊语部分代表着同样的内容，随即意识到了这块石碑作为解读圣书体线索的价值，所以他们在发现石碑之后马上就制作了拓片。其中，跟随拿破仑远征埃及的数学家、伊泽尔省省长约瑟夫·傅里叶（Joseph Fourier）也拥有一份拓片，他将这份拓片展示给了年轻的让－弗朗索瓦·商博良（Jean-François Champollion, 1790—1832 年），使年轻的商博良完成了解读圣书体这一历史性的伟业。

商博良以罗塞塔石碑拓片等材料为起点，打开了解读圣书体文字的大门。在此之前，人们就知道圣书体用象形茧来表示法老的名字。而商博良就从用圣书体文字写在象形茧中的希腊王名开始，通过与科普特语的对应，解读了各种资料当中的圣书体。结果表明，圣书体是一种由表音符号、表意符号、限定符号三类符号构成的文字体系。继商博良之后，在普鲁士人卡尔·理查德·莱普西乌斯（Karl Richard Lepsius, 1810—1884 年）的主导下，圣书体的进一步解读和用圣书体文字写下的古埃及语的破译，在德国逐渐蓬勃发展。

在德国活跃的埃及学者有：海因里希·卡尔·布鲁格施（Heinrich Karl Brugsch, 1827—1894 年），他推动了世俗体文字和世俗体埃及语的解读；阿道夫·埃尔曼（Adolf Erman, 1854—1937 年），他基于语法对古埃及语、中古埃及语和晚期埃及语做出了区分，

法国的埃及学家让－弗朗索瓦·商博良。他解明了圣书体文字由表音符号、表意符号、限定符号三种符号构成

罗塞塔石碑图片，碑文分为三段。上段用圣书体文字、中段用世俗体文字、下段用希腊字母（希腊语）写成。现展示于大英博物馆

罗塞塔石碑的圣书体部分，上起第二行的弹壳状长框围起来的部分被称为象形茧，里面写着托勒密五世的名字

并使埃及语的语法变得明晰起来；汉斯·雅各布·波洛茨基（Hans Jakob Polotsky，1905—1991年，1935年移居以色列），他以结构主义的视角解明了埃及语的动词体系；等等。

埃及文字有圣书体文字、僧侣体文字、世俗体文字3种，目前最古老的记录是刻在出土于阿拜多斯U-j墓的象牙片上的古朴圣书体文字。根据放射性碳定年法的测定，这些象牙片制成于公元前3350—前3150年。此后，圣书体文字被用来雕刻神庙、墓葬的墙壁、石碑等庄重场合的铭文，书写宗教文本，是最为神圣和最具权威的文字。圣书体可以从上往下写，也可以从左往右、从右往左写。僧侣体是一种用来记录的文字，主要写在莎

埃及卢克索神庙的第一道塔门。拉美西斯二世的坐像排列在两侧

草纸和陶片上，书写方向是从右往左，主要用作日常记录、行政记录和信件的书写，有时也用来书写《西努赫的故事》等文学作品。

世俗体是僧侣体进一步草书化的文字，主要用作行政记录和日常生活的书写，比如法庭记录、信件等，也有像罗塞塔石碑这样用来书写碑文的情况。

另外，在埃及南部和苏丹北部，发现了另一种衍生自埃及文字的文字体系，也就是麦罗埃文字。麦罗埃文字有两种，分别是以圣书体为原型的麦罗埃圣书体和以世俗体为原型的麦罗埃民书体。经英国学者弗朗西斯·卢埃林·格里菲斯（Francis Llewellyn Griffith，1862—1934年）的解读，麦罗埃文字被确认为一种表音文字，但用这种文字写下的麦罗埃语本身还没有被破译。关于麦罗埃语的语系，目前有归属于尼罗-撒哈拉语系和归属于亚非语系两种假说。在法国学者克劳德·利利的研究支持下，尼罗-撒哈拉语系说占据了优势地位。

基本的解读规则

圣书体文字、僧侣体文字和世俗体文字统称为埃及文字。在埃及文字体系中，按照不同的功能分成了3种不同的符号。

最常见的是表音符号。拉丁字母也是一种表音符号，因此，或许可以先将埃及文字中的表音符号想象成是一种和拉丁字母类似的符号。它们只表示读音，不包含任何实际意义。不过，埃及文字表音符号的特别之处在于，它们只表示辅音。这种情况在希伯来字母、阿拉伯字母等中东文字中也很常见，它们也因此被称为辅音音素文字。

埃及文字的特别之处在于，在它只有辅音的表音符号中，不仅仅只有表示一个辅音的符号，还有表示两个甚至三个辅音的符号。表意符号本身就代表一个词，其意义往往就是它所画出的东西或者与之相关的东西。限定符号放在词尾，用来表示词的类别。

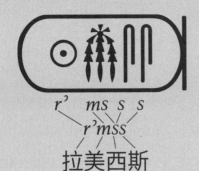

拉美西斯法老的名字围在象形茧之内。各个圣书体文字下写着各自的读音。圣书体表示的读音只有辅音,为此,埃及学家们会在发音时插入元音

麦罗埃文字		推测语音		麦罗埃文字		推测语音	
民书体	圣书体	欣兹	罗恩	民书体	圣书体	欣兹	罗恩
⁄2	🪶	a-		З	🐟	l(a)	
ら	ß	e	暧昧元音	▽	👁	ch(a)	
∣	🐂	o	u	Ʒ	○	kh(a)	
✝	🧍	i		Ⅶ	♯	se	s
‖‖	99	y(a)		Ʒ	👑	s(a)	s(e)
Ƅ	🐦	w(a)		Ƹ	🦆	k(a)	
レ	🐂	b(a)		K	△	q(a)	
ㄥ	▦	p(a)		ㄱ	🔗	t(a)	t(e)
Ƨ	🦉	m(a)		14	▱	te	t
R	〰	n(a)	n(e)	ᴄ	🍃	to	tu
⚡	↯↯	ne	n	Ƶ	𓂀	d(a)	r(a)
ɯ	▭	r(a)	?	:	:	句读	

麦罗埃文字是一种完全的表音文字。它有些类似于印度系诸文字或埃塞俄比亚的格厄兹文字等元音附标文字,其特征是基本字母本身就表示辅音与元音(多为 a)的组合,通过附加其他的元音字母(如上表中左上 2—4 行的元音字母)改变音节中元音的读音。在上表中,对比了弗里茨·欣兹的读法(表中记为欣兹)与科尔斯蒂·罗恩的读法(表中记为罗恩)。麦罗埃圣书体既可以竖写也可以横写,麦罗埃民书体只能从右往左写

主要参考文献

埃及篇
特集（金字塔的调查历史）

- Arnold, D. (1991). Building in Egypt: Pharaonic Stone Masonry. New York, Oxford University Press.
- Burgos, F. and E. Laroze (2020). "L'extraction des blocs en calcaire à l'Ancien Empire. Une expérimentation au ouadi el-Jarf." The Journal of Ancient Egyptian Architecture 4: 73-95.
- Dormion, G. (2004). La chambre de Chéops: Analyse architecturale. Paris, Fayard.
- Dormion, G. (2013). La chambre de Meidoum : analyse architecturale. Grand Saconnex, Societe d'Egyptologie.
- Firth, C. M., et al. (1935). Excavations at Saqqara; the Step pyramid. Le Caire,, Impr. de l'Institut français d'archéologie orientale.
- Goedicke, H. (1971). Re-used blocks from the pyramid of Amenemhet I at Lisht, New York.
- Haase, M. (2004). Eine Stätte für die Ewigkeit, wbg Philipp von Zabern in Wissenschaftliche Buchgesellschaft.
- Isler, M. (2001). Sticks, stones, and shadows : building the Egyptian pyramids. Norman, University of Oklahoma Press.
- Kawae, Y., et al. (2018). 3D Reconstruction and its Interpretation of the "Cave" of the Great Pyramid: An Inductive Approach. The Perfection That Endures: Studies on Old Kingdom Art and Archaeology. K. O. Kuraszkiewicz, E. Kopp and D. Takacs, Agade Publishing: pp.231-238, PL. XXXVII-XLII.
- Kawae, Y., et al. (2014). 3D Reconstruction and its Interpretation of the "Cave" of the Great Pyramid: An Inductive Approach. The Sixth Old Kingdom Art and Archaeology Conference, Warsaw, Poland.
- Kawae, Y., et al. (2017). The construction method of the top of the Great Pyramid. The Seventh Old Kingdom Art and Archaeology Conference, Università degli Studi di Milano, Italy.
- Klemm, D. and R. Klemm (2010). The Stones of the Pyramids Provenance of the Building Stones of the Old Kingdom Pyramids of Egypt. Berlin/New York, De Gruyter.
- Krauss, R. (1996). "The Length of Sneferu's Reign and how Long it Took to Build the 'Red Pyramid'." The Journal of Egyptian Archaeology 82: 43-50.
- Lehner, M. (1985). "The Development of the Giza Necropolis: The Khufu Project." Mitteilungen des Deutschen Archäologischen Instituts Abteilung Kairo 41: 109-143.
- Lehner, M. (1997). The Complete Pyramids. New York, Thames and Hudson.
- Lehner, M. and Z. Hawass (2017). Giza and the Pyramids. Chicago, University of Chicago Press.
- Lehner, M. and W. Wetterstrom, Eds. (2007). Giza reports: The Giza Plateau Mapping Project: Project History, Survey, Ceramics, and the Main Street and Gallery Operations Boston, MA, Ancient Egypt Research Associates.
- Lesko, L. H. (1988). "Seila 1981." Journal of American Research Center in Egypt 25: 215-235.
- Maragioglio, V. and C. Rinaldi (1963-77). L'architettura delle piramidi menfite. Torino, Tip. Artale.
- Morishima, K., et al. (2017). "Discovery of a big void in Khufu's Pyramid by observation of cosmic-ray muons." Nature advance online publication.
- Monnier, F. (2017). L'ère des géants: une description détaillée des grandes pyramides d'Egypte, Éditions De Boccard.
- Monnier, F. and D. Lightbody (2019). The Great Pyramid: 2590 BC onwards (Operations Manual), Haynes Publishing UK.
- Nicholson, P. T. and I. Shaw, Eds. (2000). Ancient Egyptian Materials and Technology. Cambridge ; New York, Cambridge University Press.
- Reisner, G. A. (1942). A History of the Giza Necropolis Volume I. Cambridge,, Harvard University Press.
- Reisner, G. A. (1955). A History of the Giza Necropolis Volume II. Cambridge,, Harvard University Press.
- Tallet, P. (2017). Les papyrus de la mer Rouge I. le «Journal de Merer» (P. Jarf A et B). Cairo, Institut français d'archéologie orientale.
- Verner, M. (2001). Pyramid. The Oxford Encyclopedia of Ancient Egypt. D. B. Redford. Cairo, The Amecican University in Cairo Press. 3: 87-95.
- イアン・ショー＆ポール・ニコルソン（内田杉彦訳）、『大英博物館 古代エジプト百科事典』、原書房、1995．
- 大城道則「図説 ピラミッドの歴史」、河出書房新社、2014．
- 河江肖剰『ピラミッド: 最新科学で古代遺跡の謎を解く』、新潮文庫、2018．
- マーク・レーナー（内田杉彦訳）、『ピラミッド大百科』、東洋書林、2001．

特奥蒂瓦坎篇

- Cabrera, R. C. [1996]. Caracteres Glíficos Teotihuacanos en un Piso de La Ventilla. in *La Pintura Mural Prehispánica en México, Teotihuacan* I. UNAM, México.

- Cabrera, R.C., I. Rodríguez G., and N. Morelos G. eds. [1991]. *Teotihuacán 1980-1982: Nuevas Interpretaciones.* Instituto Nacional Antropología e Historia, México.
- Coe, William. [1990]. *Tikal Report No.14 Volume IV: Excavations in the Great Plaza, North Terrace and North Acropolis of Tikal.* The University Museum, University of Pennsylvania, Philadelphia.
- Cowgill, George L. [2015]. *Ancient Teotihuacan: Early Urbanism in Central Mexico.* Cambridge University Press, New York.
- Fash, William L. and Ricardo Agurcia F. [1992]. *History Carved in Stone: A Guide to the Archaeological Park of the Ruins of Copan.* Instituto Hondureño de Antropología e Historia, Honduras.
- Kidder, Alfred, Jesse D. Jennings and Edwin M. Shook. [1946]. *Excavations at Kaminaljuyu, Guatemala.* The Pennsylvania State University Press, Philadelphia.
- Marcus, Joyce and Kent V. Flannery. [1996]. *Zapotec Civilization: How Urban Society Evolved in Mexico's Oaxaca Valley.* Thames and Hudson Ltd., London
- Martin, Simon and Nikolai Grube. [2000]. *Chronicle of the Maya Kings and Queens.* Thames and Hudson Ltd., London
- Millon, Rene. [1973]. *Urbanization at Teotihuacan, Mexico Vol. 1,* University of Texas Press, Austin.
- Pasztory, Esther. [1997]. *Teotihuacan: An Experiment in Living.* University of Oklahoma Press, Norman.
- Schele, Linda and David Fredel. [1990]. *A forest of Kings: The Untold Story of the Ancient Maya.* William Morrow and Company INC., New York
- Spence, Michael W. and Grégory Pereira. [2007]. The Human Skeletal Remains of the Moon Pyramid, Teotihuacan. *Ancient Mesoamerica* 18(1):147-157.
- Sugiyama, N., W.L.Fash, B.W.Fash, and S.Sugiyama. [2020]. The Maya at Teotihuacan?: New Insights into Teotihuacan-Maya Interactions from the Plaza of the Columns Complex, in *Teotihuacan: The World Beyond the City* , K.G.Hirth, D.M.Caballo, and B.Arroyo editors. Dumbarton Oaks Research Library and Collection, Washington D.C.
- Sugiyama, Sabro. [1998]. Termination Programs and Prehispanic Looting at the Feathered Serpent Pyramid in Teotihuacan, Mexico. In *The Sowing and Dawning, edited by Shirley Boteler Mock.* pp. 146-164. University of New Mexico Press, Albuquerque.
- Sugiyama, Sabro. [2005]. *Human Sacrifice, Militarism, and Rulership: Materialization of State Ideology at the Feathered Serpent Pyramid, Teotihuacan.* Cambridge University Press, Cambridge.
- Sugiyama, Sabro and Leonardo López Luján. [2007], Dedicatory Burial/Offering Complex at the Moon Pyramid, Teotihuacan. *Ancient Mesoamerica* 18(1):127-146.
- White, Christine D., T. Douglas Price, and Fred J. Longstaffe. [2007]. Residential Histories of the Human Sacrifices at the Moon Pyramid, Teotihuacan: Evidence from Oxygen and Strontium Isotopes. *Ancient Mesoamerica* 18(1):159-172.
- 青山和夫・猪俣健、メソアメリカの考古学』、同成社、1997.
- コウ、マイケル・D.,『古代マヤ文明』、創元社、2003.
- 杉山三郎、「テオティワカン「月のピラミッド」におけるイデオロギーと国家：1998-1999年発掘調査概要」、『古代アメリカ』3:27-52。2000.
- たばこと塩の博物館（大井邦明 監修）、『カミナルフユー（1991-1994）』、たばこと塩の博物館、1994.
- マーティン、サイモン　ニコライ・グルーベ、『古代マヤ王歴代誌』、創元社、2002.

欧洲篇
（埃利尼科金字塔）

- Lefkowitz, M., (2006) "Archaeology and the politics of origins", in G. G. Fagan (ed.) Archaeological Fantasies: How Pseudoarchaeology Misrepresents the Past and Misleads the Public. Routledge: London and New York. pp. 195-195.
- Liritzis, I and A. Vafiadou, (2005) "Dating by luminescence of ancient megalithic masonry", Mediterranean Archaeology & Archaeometry 5-1, pp. 25-38.
- Lord, L. E., (1938) "The "Pyramids" of Argolis", Hesperia 7, pp. 481–527.
- Lord, L. E., at al., (1941) "Blockhouses in the Argolid", Hesperia 10, pp. 93–112.
- Theodossiou, E., et al., (2011) "The pyramids of Greece: Ancient meridian observatories?" Bulgarian Astronomical Journal 16, pp. 130-143.

欧洲篇
（塞斯提乌斯金字塔）

- A. Claridge, Rome (2010): An Oxford Archaeological Guide, Oxford, 2nd ed.,
- M. Swetnam-Burland (2015), Egypt in Italy: Visions of Egypt in Roman Imperial Culture, Cambridge,.
- 藤澤桜子「ローマ美術のエジプト趣味：壁画にみるアウグストゥスのエジプト征服とその影響」『群馬県立女子大学紀要』36, 2015年, 103-126頁

婆罗浮屠篇

- Dumarcay, J., Smithies, M. (1998). Cultural Sites of Malaysia, Singapore, and Indonesia. New York, Oxford University Press.
- Krom, N. J. (1927). Barabudur. New York, AMS Press.
- Miksic, J. (1991). Borobudur: Golden Tales of the Buddhas. Singapre, Periplus.
- 石井和子「ボロブドゥールと『初会金剛頂経』シャイレーンドラ朝密教受容の一考察」『東南アジア―歴史と文化』No. 21、3-29、1992.
- 岩本裕「インドネシアの仏教」『アジア仏教史インド篇 VI 東南アジアの仏教』佼成出版社、1973.
- 江川幹幸『レバッ・チベドゥ遺跡とバドゥイ族 - 西ジャワの石積み基壇遺構』『沖縄国際大学社会文化研究』、5(1)、1-32、2001.
- 小野邦彦「山岳信仰から探るジャワ島のヒンドゥー教文化」『吉村作治先生古稀記念論文集』中央公論美術出版、91-104、2013.
- 斎藤忠『仏塔の研究 - アジア仏教文化の系譜をたどる』、第一書房、2002.
- 坂井隆「古代における仏塔の伝播 - ボロブドゥールと奈良頭塔の関係について」『日本考古学』、25、23-45、2008.
- 田中公明『マンダライコノロジー』、平河出版社、1987.
- 田中公明『両界曼荼羅の源流』、春秋社、2020.
- 千原大五郎『ボロブドゥールの建築』、原書房、1970.
- 千原大五郎『インドネシア社寺建築史』、日本放送出版協会、1975.
- 中村元『華厳経・楞伽経』、東京書籍、2003.
- ローケシュ・チャンドラ「真言密教の遺跡ボロブドゥル（山本智教訳）」『密教文化』、131、27-49、1980.
- 並河亮『ボロブドゥール華厳経の世界』、講談社、1978.
- 正木晃『マンダラとは何か』、NHKブックス、2007.
- Krom, N. J.,『インドネシア古代史（有吉巌編訳）』、道友社、1985.

特集
（埃及文字与麦罗埃梅罗文字）

- Adkins, L. and R. Adkins (2000). The keys of Egypt: The race to read the Hieroglyphs. New York, HarperCollins.
- Allen, J. P. (2013). The ancient Egyptian language: An historical study. Cambridge, Cambridge University Press.
- Dreyer, G. (2011). Tomb U-j: A royal burial of Dynasty 0 at Abydos. Before the Pyramids: The Origins of Egyptian Civilization. E. Teeter. Chicago, The Oriental Institute. 127-136.
- Griffith, F. L. (1911). Karanòg: The Meroitic inscriptions of Shablûl and Karanòg. Philadelphia, University Museum Philadelphia.
- Hintze, F. (1955). Die sprachliche Stellung des Meroitischen. Berlin, Akademie-Verlag.
- Honour, A. (1966). The man who could read stones: Champollion and the Rosetta Stone. New York, Hawthorn Books.
- Loprieno, A. (1995). Ancient Egyptian: A linguistic introduction. Cambridge, Cambridge University Press.
- Andrews, C. A. R. (1981). The Rosetta Stone. London, British Museum Publications.
- Parkinson, R. B., W. Diffie, M. Fischer, and R. Simpson (1999). Cracking codes: The Rosetta Stone and decipherment. London, British Museum Press.
- Quirke, S. and C. A. R. Andrews (1988). The Rosetta Stone: Facsimile drawing. London, British Museum Press.
- Rilly, C. and A. J. de Voogt (2012). The Meroitic language and writing system. Cambridge, Cambridge University Press.
- Robinson, A. (2018). Cracking the Egyptian code: The revolutionary life of Jean-François Champollion. London, Thames & Hudson.
- Rowan, K. (2006). "A phonological investigation into the Meroitic 'syllable' signs — ne and se and their implications on the e sign." SOAS Working Papers in Linguistics 14: 131–167.
- ジャン・ラクチュール（矢島文夫、岩川亮、江原聡子訳）、『シャンポリオン伝 上』、河出書房新社、2004a.
- ジャン・ラクチュール（矢島文夫、岩川亮、江原聡子訳）、『シャンポリオン伝 下』、河出書房新社、2004b.
- ジョン・レイ（田口未和訳）、『ヒエログリフ解読史』、原書房、2008.
- ブリジット・マクダーモット（近藤二郎監修、竹田悦子訳）、『古代エジプト文化とヒエログリフ』新装普及版、産調出版、2005.
- ホラポッロ（伊藤博明訳）、『ヒエログリフ集』、ありな書房、2019.
- マーク・コリアー＆ビル・マンリー（坂本真理、近藤二郎訳）、『ヒエログリフ解読法：古代エジプトの文字を読んでみよう』、ニュートンプレス、2000

图片来源

河江肖剩
p002. P003, p004, 005, p010, p019上・下, p020, p021, p023, p024, p026, p027, p028, p029, p030, p031下, p032, p033, p034, p035, p036, p037, p038, p041, p042, ;043, p044, p045, p046, p054, p055, p056, p057, p058, p064, p065, p066, p067, p069, p070, p071, p072, p073, p076, p077, p078, p079, p081, p082, p083

佐藤悦夫
p089, p093, p098, p099, p100, p101, p102, p107, p109, p121

佐藤昇
p015・5段目, p124, p126, p127

下田一太
p134, p135, p137, p138, p139, p143, p144, p147

宫川创
p151, p152

Colin Dutton/Millennium Images, UK /amanaimages
p128

Courtesy of Ancient Egypt Research Associates Inc.
P074, p075

E. Laroze (CNRS)- Wadi el-Jarf mission
p049

Felix Arnold
p031上

The Metropolitan Museum of Art 收藏、
Accession Number: 09.180.18。Public Domain
P033右下

p129上：
JEREMY HOARE/SEBUN PHOTO /amanaimages

p129下左：
v. arcomano / Alamy /amanaimages

アフロ
p012, P013, p014, p015・1-4段目, p018, p022上・下, p086, p091, p094, p096, p108, p116, p129下右, p140, p141, p142, p145, p150

アフロ/AP
p130, p131上・下

后　记

作为埃及的世界文化遗产之一的孟菲斯地区，在公元前2600年左右—前1760年左右的840年间，修建了80多座金字塔。其中，包括吉萨三大金字塔在内的古王国第四王朝金字塔群，由于其巨大的规模，以及被形容为"接缝中容不下一枚刀片"的高超建筑技术，常常被认为是人难以所及的。

但是事实上，没有什么比金字塔更散发着人类气息的建筑物了。我真切地感受到这一点是在我参与发掘被称为"金字塔聚落"的古代都市的时候。这个遗址在正文中也有提及，它位于孟菲斯以南500米处，居住着参与建造卡夫拉金字塔和孟卡拉金字塔的工匠和高官。这里留下的居住、饮食和使用工具的痕迹，清楚地表明了人类与金字塔之间的关系。

除了这个遗址之外，金字塔本身也有几个可以让人强烈地感受到人类痕迹的地方。几年前，我有一次登顶胡夫金字塔的机会，然后在位于东北角80米处的空洞和裸露的塔顶等处，发现了用来修建金字塔的坑洞和沟渠以及粗糙的石材接缝等。某种意义上，这正是能真切感受到的金字塔并不完美的地方。

金字塔是试错的产物。在这个过程中，有许多失败，也有许多从失败中产生的创新，还有作为探求者的古埃及人远赴国内外的偏远地带、把得到的各种资源投入金字塔的建设的探索。这些失败和尝试都成为构建新的金字塔的基石。而且这个过程，正如本书中展示的那样，不止在埃及，是在世界各地的金字塔建设中都有体现。

最后，我要感谢图像社的编辑坂田哲彦，衷心地感谢他多次调整计划，坚持不懈地等待本书的完成。我还要感谢插画家伊藤良一，他为本书绘制了许多精彩的插图，感谢宫川创博士，他从语言学的角度提出了许多关于古代埃及语的建议。我还想借此机会感谢许多没有提到名字的人，感谢他们对我一如既往的帮助与支持。

河江肖剩

2020年12月

河江肖剩
埃及篇

考古学家，名古屋大学高等研究院准教授，美国国家地理探险家。主要从事埃及金字塔的三维测量和"金字塔聚落"的发掘工作。参与录制TBS电视台（Tokyo Broadcasting System Television）《发现世界不可思议》栏目、日本广播协会（Japan Broadcasting Corporation，简称NHK）特别纪录片等节目。主要著作有《金字塔：用最新科技解开古老遗迹之谜》（新潮文库）、《河江肖剩的最新金字塔入门》（日经国家地理社）等。

佐藤悦夫
特奥蒂瓦坎篇

富山国际大学现代社会学部教授，博士。主要研究领域为中部美洲考古学、观光人类学。1999年开始参与墨西哥特奥蒂瓦坎遗址的"月亮金字塔"考古项目，现在仍在进行特奥蒂瓦坎遗址的考古调查。主要著作有《写给学习玛雅学的人们》（合著，世界思想社）、《玛雅与印加：王权的诞生与发展》（合著，同成社）等。

佐藤昇
希腊（埃利尼科金字塔）

神户大学大学院人文学研究科准教授。东京大学大学院博士毕业，古代希腊史专业。主要著作有《古雅典的贿赂言论》（山川出版社）、《如何看待和思考历史》（编著，山川出版社）、《亚历山大大帝》（译著，刀水书房）等。

高桥亮介
意大利（塞斯提乌斯金字塔）

东京都立大学人文社会学部准教授。伦敦大学国王学院古典学系博士毕业。主要研究领域为西方古代史。主要著作有《读拉丁语碑文尽享古罗马》（合著，研究社）、《漫步罗马帝国与地中海文明》（合著，讲谈社）等。

下田一太
婆罗浮屠篇

筑波大学准教授。主要研究领域为东南亚建筑史、保护和利用历史建筑的建筑遗产学。除了致力于东南亚古代、中世纪的建筑与城市研究之外，还参与了吴哥窟等吴哥古迹的修复工程。近年，作为日本文化厅文化财调查官，负责世界遗产的申请和保护管理。

宫川创
特集"埃及文字与麦罗埃文字"

关西大学东西学术研究所、亚洲开放研究中心博士后，京都大学语言学博士，哥廷根大学埃及学与科普特学博士。原日本学术振兴会特别研究员（DC1）、德意志研究振兴协会研究员。京都大学语言学硕士研究生。主要研究领域为历史语言学、包括科普特语在内的古埃及语言史、古努比亚语、麦罗埃语、数字人文学。在国际学术期刊等发表论文共24篇。

タイトル:「世界のピラミッド Wonderland」
SEKAI NO PYRAMID WONDERLAND
著者：Yukinori Kawae, Etsuo Satou
© 2021 Yukinori Kawae , Etsuo Satou
© 2021 Graphic-sha Publishing Co., Ltd.
This book was first designed and published in Japan in 2021 by Graphic-sha Publishing Co., Ltd.
This Simplified Chinese edition was published in 2023 by China Translation & Publishing House
Original edition creative staff
Book Design: Hidehiro Yonekura (Hosoyamada Design Office corp.), Tetsushi Yamamoto (Hosoyamada Design Office corp.), Aoi Yokomura
Illustlation: Ryoichi Itou, LALA THE MANTS
Editor: Tatsuhiko Sakata
All rights reserved.

著作权合同登记号：图字 01-2023-0161　　　　　　　　　京审字（2023）G 第 1653 号

图书在版编目（CIP）数据

世界的金字塔 /（日）河江肖剩等编著；李金珂译. -- 北京：中译出版社，2023.9
ISBN 978-7-5001-7394-6

Ⅰ．①世… Ⅱ．①河… ②李… Ⅲ．①古建筑－考古－世界 Ⅳ．①K868.04

中国国家版本馆CIP数据核字(2023)第062480号

世界的金字塔
SHIJIE DE JINZITA

出版发行	中译出版社
地　　址	北京市西城区新街口外大街 28 号普天德胜大厦主楼 4 层
电　　话	（010）68359373, 68359827（发行部）68357328（编辑部）
邮　　编	100088
电子邮箱	book@ctph.com.cn
网　　址	http://www.ctph.com.cn
出 版 人	乔卫兵
总 策 划	刘永淳
策划编辑	郭宇佳　赵　青
责任编辑	郭宇佳
文字编辑	赵　青　邓　薇
封面设计	潘　峰
营销编辑	张　晴　徐　也
排　　版	北京竹页文化传媒有限公司
印　　刷	山东新华印务有限公司
经　　销	新华书店
规　　格	787 毫米 ×1092 毫米　1/16
印　　张	10
字　　数	67 千字
版　　次	2023 年 9 月第 1 版
印　　次	2023 年 9 月第 1 次印刷

ISBN 978-7-5001-7394-6　定价：79.80 元

版权所有　侵权必究
中 译 出 版 社